U0347896

YTT利润管理实践

《珍藏版》

向财务要利润

CREATING
MORE PROFIT

史永翔◎著

机械工业出版社
CHINA MACHINE PRESS

本书中精心设计了大量真实案例，为董事长、总经理、创业者、财务总监、财务经理、企业经理人等搞通企业经营、创造高利润提供思路和方法。

图书在版编目（CIP）数据

向财务要利润：珍藏版／史永翔著．—北京：机械工业出版社，2024.3
（YTT利润管理实践）
ISBN 978-7-111-74686-7

Ⅰ．①向…　Ⅱ．①史…　Ⅲ．①企业管理-财务管理　Ⅳ．①F275

中国国家版本馆 CIP 数据核字（2024）第 002923 号

机械工业出版社（北京市百万庄大街 22 号　邮政编码 100037）
策划编辑：石美华　　　　　　　责任编辑：石美华　牛汉原
责任校对：贾海霞　陈立辉　　　责任印制：李　昂
河北宝昌佳彩印刷有限公司印刷
2024 年 4 月第 1 版第 1 次印刷
170mm×230mm·18.25 印张·1 插页·190 千字
标准书号：ISBN 978-7-111-74686-7
定价：79.00 元

电话服务　　　　　　　　　网络服务
客服电话：010-88361066　　机　工　官　网：www.cmpbook.com
　　　　　010-88379833　　机　工　官　博：weibo.com/cmp1952
　　　　　010-68326294　　金　书　网：www.golden-book.com
封底无防伪标均为盗版　　机工教育服务网：www.cmpedu.com

本书献给我的父亲史美华

非常感谢父亲从小对我生存艺术上的磨炼，
培养了我直面现实的勇气与创造性解决问题的能力

前言

本书的出版对我来讲具有重要的意义,可以说是用我的生命历程写成的。它汇集了我在企业管理研究与实践中的成果,我说的,就是我所做的;我做的,可以被证明是有效的!作为一个企业管理的实践者,需要的是自己准确的判断、有效的执行、显著的成果,否则就会影响自己的生计了!

2007年我出版了自己的第一本专著《搞通财务出利润》,尝试用实例的方式帮助读者理解财务在管理实践中的运用,受到读者的热烈欢迎,加印达12次之多。这本相对专业的书如此畅销,也证明了企业界读者对管理实践运用的渴望。

第一本书的成功坚定了我对管理实践的研究,而我对研究实际问题的偏好,来自父亲从小对我在生存艺术上的培养,生存的关键是直面现实的勇气和创造性地解决问题的能力!从2007年下半年开始,我不再困扰于理论的局限,而是大胆地投入实践应用,从现实问题出发,提炼归纳出方法与规律,再回到实践中指导操作。由此似有顿悟,通过一年的准备，我总结出了一套围绕企业利润提升的决策与执行系统，并在 2008 年 6 月开办了"YTT 利润决策特训营"课程，让更多的企业家学习和使用这套具有实战性的企业管理方法。课程内容的使用效果非常惊人，使用的企业百分之百地提升了利润，企业家的学习参与度很高，截至 2010 年年底此课程已开办了 13 期，先后有近千名企业管理者走进这个课堂。为了提升质量，每次课程均有修改，每次内容更新率都达到 20% 以上，这些使得这个利润决策系统课程更加完善。这个课程今天已发展成为一个固定开设的课程。

本书就是根据"YTT 利润决策特训营"课程的部分内容扩展而成的，具体教会大家如何从市场开发、运营管理和财务设计三个方面快速提升利润。既有概念，也有方法。为了帮助大家理解、消化和实际应用，书中运用了大量案例，这些案例都是真实的并发生在我们的身边。案例的运用重在理解并警示自己，不要犯别人犯过的错误，也敬请读者不要对号入座和我打笔墨官司。

在本书出版之后，我也准备将"YTT 利润决策特训营"课程上的其他内容再整理成书，让更多的经营管理者学习使用。生命的意义就在于分享，能帮助到更多的人是我最愉悦的事情。

本书的内容来自实践积累，我先后用了四年时间，最后修订完成是在南极的考察船上。我正迈向知天命之年，而生命的精彩却刚刚开始。正在读大学的儿子史记，不久前送我一本书，并在内封上题写了两句话："生命不息，奋斗不止！"这使我产生了动力与信心。

感谢那些与我一起实践的企业家朋友，感谢北京大学汇丰商学院的工作平台，感谢 YTT 的工作伙伴们，感谢本书的编辑，尤其感谢一直支持我的妻子张怀荣，没有他们的帮助，我很难有今天的成就。

于南极考察船阿尔贝尔二世亲王号

2010 年 12 月 12 日

 再版前言

《向财务要利润》初版付梓印刷，是在 10 年前。

我所在的企业 YTT 利润管理体系经历了 20 多年的实践，所写即所做，所做必有效，这是商学的基本标准。从财务视角增强企业的盈利能力，并且经过了数万家企业的践行，它已经从财务决策推行到三个层次的决策，即战略决策、经营决策和管理决策，为企业家构建了立体的决策思维模型。YTT 利润管理体系是为了帮助企业家构建长期的价值能力。向上影响"战略"决策，对利润形成长期的影响，以保证资本的投入产出。对外影响市场选择，对内影响运营管理，向下重设绩效人员管理。

战略不是简单地从机会抓起，而是付出代价与盈利的中长期平衡。企业的目标应是战略目标的达成，在此基础上去选择市场"集中力量"。选择客户，选择有需求的客户，客户集中化构成盈利市场，从而保证利润的稳定。根据客户的深度需求，长期包围是盈利代价最小的做法，从而去设计产品（商品），以此保证长期客户在满足感基础

上的盈利，也以此构建产品的供应链体系，为了进一步强化市场，企业销售行为需要锁定，企业在此基础上强化日常的决策、销售管控及预算推行。将企业的长期战略、市场选择、产品及供应链管理、销售行为管理及日常决策用预算连接起来，构建出整体的利润管理体系。

经过20多年的实践，YTT利润管理体系终于从实践到理论，帮助企业从上到下、从外到里、从长到短地构建盈利体系。

新冠疫情期间，我有足够的时间进行总结。从2017年开始，我有意识地将YTT利润管理体系植入到数家企业中去实践，取得了让人欣喜的成效。在宏观经济平稳运行之际，这套体系的运用使企业盈利更好，发展更安全，更具有长期发展的能力。有的企业从负利润变成年盈利3 000多万元、现金结余5 000多万元的"小金蛋"公司。

以"收入""利润""现金"的增长为标准，以股东回报率为导向的成功企业标准是完全可以达到的。

美好的工作既是达人悦己的，我一直庆幸做这份工作，也是一种人生的美好状态。

YTT利润管理体系的成功实践，也建立在企业家具有伦理化的生活准则之上，即节制、慎重、苦行。我一直喜欢本杰明·富兰克林、查理·芒格、巴菲特的思想及行为。他们的成功建立在提升自我修养、学习、苦行、忍耐之上，不是权钱交易、潜规则、商业欺诈造假等。

当所有人都认为你的财富是应得的，你的财富才是干净的。财富完全是可以靠努力而获取的！资本本身无干净与肮脏之分，资本的获取和使用才有高尚和恶劣之分。

企业家需要重视荣誉、保持清醒，避免道德和经济之灾，并且眼光敏锐，既能获得信任、战胜困难，又能承担超常的工作量，并享受这种状态。这也是《向财务要利润》再版的初心之一。

我以此为荣誉，以此为动力。

感谢YTT的工作伙伴，感谢本书编辑石美华女士（我们已经合作10多年了），感谢一直支持我的妻子张怀荣女士。

人生是一段美的历程，我庆幸自己一直前行在美好之中！

史永翔

2023年11月10日

于苏州

目录

第 1 章
管理大智慧，价值新思维

📝 **案例导入：全国最大印染企业倒闭，董事长夫妇失踪后被捕**

2008 年 10 月 8 日，浙江江龙控股集团有限公司业务员小高一到单位，就感觉怪怪的，台阶上所有租赁的花木被搬走了，办公室大门全都敞开着，一片凌乱，电脑等值钱的东西被搬抢一空。

富丽堂皇的总裁办公室，散落着好几本房产证，栋栋价值都有数百万元。桌旁一个巨大的鱼缸里几尾价值上万元的龙鱼被捞走了，只剩下一些小热带鱼非常寂寥地游动着……

一切都非常突然。

这家中国最大的印染企业瞬间轰然倾塌，董事长夫妇突然失踪，债主纷纷上门。

集团旗下的印染厂工人在这个国庆长假期间还在加班加点，10 月 6 日工人突然接到通知：把手中的活都停下来。7 日晚上，总公司各个办公室的电脑等物品被哄抢一空。

据可靠消息，江龙控股欠银行贷款达 12 亿元，民间借贷至少 8 亿元，而江龙的银行贷款还牵涉到当地不少龙头企业的相互担保。

传奇起家

江龙控股的起家颇为传奇，董事长夫妇来自江苏，2000 年来到浙江绍兴。董事长陶寿龙当时只是绍兴某工厂的一个外贸业务员，但是他敏于思考，对资金的运作很有想法。

妻子严琪也就是后来江龙控股的总裁，行事泼辣，在贸易开拓上颇有一手，尤其是在中东地区，从事纺织贸易的客商几乎都知道有位头发长过腰际的中国女人做生意和喝酒都很厉害。

两人几乎在三四年间神奇地建起了江龙控服集团，并于 2006 年 9 月使其在新加坡上市，股票名为"中国印染"。

根据公开资料显示，这是一家集纺织、印染、服装和贸易于一体的大型纺织企业，拥有总资产 22 亿元，员工 4 000 多人，2007 年销售额为 20 亿元。

老板的财务思维

一直以来，江龙控股在市场开拓上的作为还是很有思路的。由于该企业不断将资金投入新的行业，但新投资项目短期没有实现盈利，老投资项目又疏于管理与技术改造，所以企业的盈利状况不断下降。在资金短缺的情况下，公司将到美国纳斯达克上市作为救命出路。也正是由于预备上市，公司把所有资金孤注一掷，抽调了各子公司的流动资金，这对正常生产造成了严重影响。加之 2007 年年底中央银根紧缩，银行对其收回了 1 亿多元的贷款资金。

可怕的是，江龙控股在资金内外交困的情况下转而求助民间借贷。

从 2007 年下半年开始，公司高层均纷纷出面联系民间借贷。

纷纷上门讨债的债主说，2007 年公司开出的是三分利息，2008 年六七月都开出了七分利息。以六分利息为月利息计算，年利息就相当于本金的 70% 左右。

这些做法无疑都在加速着公司的倒闭。

无知导致牢狱之灾

在江龙控股资金链断裂的问题全面爆发之时，陶寿龙夫妇于 10 月 3 日将手机留给秘书之后便神秘失踪。10 月 18 日，绍兴警方在汕头将江龙控股董事长陶寿龙及其妻子严琪一并抓获，并将其判刑入狱。

案例思考

1. 如何衡量企业的正确盈利行为？

2. 企业经营的财务思维应当是什么？

3. 企业有了资金后应当如何分配资金？

树立财务管理理念，就是在没有钱的时候，学会如何用最小的代价筹集最多的资金；在有钱的时候，学会合理地利用资金，同时在运用过程中不断监督资金的使用情况，做出合理的资金筹划。

本章内容要点如表 1-1 所示。

一个具有财务思维的企业家，更容易保持企业盈利的持续性！

——佚名

表 1-1　本章内容要点

内　容	摘　要
中小企业的发展阶段	1. 创业期（1~3 年阶段）：企业经营的关键在于，企业的净现金能不能保持很好的滚动性 2. 成长期（3~5 年阶段）：企业经营的关键是，实现产品销售和利润获取之间的平衡 3. 转型期（5~10 年阶段）：企业能否再投资，找到新的利润增长点是这个时期经营的关键
中国民营企业的发展机遇	1. 20 世纪 80 年代的价格三规制 2. 20 世纪 90 年代的市场爆发销售 3. 2000 年的互联网时代 4. 全球性的大设备制造已经开始向中国转移
企业的管理缺失与改善	1. 员工的事前引导 2. 客户的事中判断 3. 利润的事后衡量

1.1　如何衡量赚钱的方式

案例 1-1

老夫妇买卖房屋——赚了还是赔了

有一对上海的老夫妇，在儿子读高中的时候，花了 16 万元买了一间老房子。几年之后，儿子去美国留学，毕业之后留在美国工作。远在异国的儿子念念不忘父母的养育之恩，对老夫妇说："爸妈，你们到美国来定居吧，和我住在一起，让我好好孝顺你们！"老夫妇非常高兴，临行前就将老房子以 17 万元的价格卖掉了。

老夫妇在美国居住半年后，儿子的工作因意外有所调动，儿子调到了很远的一个州，由于短期内无法安排好住房将老夫妇接过去居住，再加上老夫妇感觉在美国生活不太习惯，于是决定还是先回到上海。

由于念念不忘以前的老房子，这对老夫妇就跟买老房子的人商量：
"能不能把这房子再卖给我们啊，我们习惯住这间老房子了，住不惯
其他地方了。"买房的人同意了老夫妇的请求，经过双方协商，老夫
妇最终又以 18 万元的价格把老房子买了回来。

1 年后，远在美国的儿媳妇有了孩子，儿子专程回国接老夫妇去
美国帮忙带孩子。老夫妇虽然舍不得老房子，但只能忍痛割爱将老房
子又以 19 万元的价格卖掉了。

这对上海的老夫妇到底是赚了还是赔了呢（见图 1-1）？

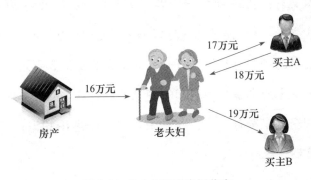

图 1-1　老夫妇买卖房屋收支

我们可以用三种方法对其盈利进行分析（我们将使用财务直接价
值的方式，而不考虑相关间接成本）。

1. 倒计法

如果没有中间的那次买入和卖出，
理论上，16 万元买进，19 万元卖出，利
润应该是 3 万元。但是中间卖出后又买

未来的企业家都是看得
懂财务报表的营销专家。

——彼得·德鲁克

入，从投资的角度来说，这对老夫妇赔了1万元，所以利润应该是2万元，而不是3万元。

2. 快计法

16万元买了，17万元卖掉；18万元买回来后，又以19万元卖掉。两次的成本相加为34万元。两次的收入相加是36万元。利润＝收入–成本＝36万元–34万元＝2万元。

3. "单笔账总计"法

第一次交易：利润＝收入–成本＝17万元–16万元＝1万元。

第二次交易：利润＝收入–成本＝19万元–18万元＝1万元。

两笔交易的利润总和为2万元，即老夫妇赚了2万元。

用收入减去成本来判断利润的理念，就是基本的财务理念。

财务理念的来源有两个：一是来自科学的理论知识；二是来自长期的财务实践。

财务理念是指导企业价值提升的指南针，企业家在经营企业过程中，要有正确的财务理念。正确的财务理念有利于企业价值的提升，错误的财务理念有损于企业价值的创造，甚至最终导致对股东财富的巨大侵害。

身为一位企业家，若有人问你："衡量一个企业经营好坏的标准是什么？""如何判断一个企业家是否成功？""企业追求利润的关键是什么？""经理人业绩衡量的标准是什么？"你该如何回答呢？

在现代社会中，一个人或一个企业总会被贴上一个"财务指标"

的标签。对于个人来说，所谓的"财务指标"就是指财富的自由度，有了财富上的自由，才会有较高的幸福指数。著名的企业家李嘉诚先生，他受人尊敬的原因就在于他有成功的财富积累经验，并借此成功摘取了华人首富的桂冠。全球首富比尔·盖茨同样也受人尊敬，除了因为他拥有巨额财富外，还在于他极力推动社会慈善事业的发展。

同样，对于一家企业来说，经营好坏的衡量标准不仅是净利润，还有现金流，这是由整个财务指标来体现的。企业的生存之道在于发展，发展的动力是追求利润，而利润追求的关键则是财务的推动力！

在我的职业生涯中，当我成为一家跨国企业总经理的那天，我的老板曾对我说："知道我们董事会为什么要提拔你吗？首先因为你是学财务出身的，懂财务指标；其次因为你做过多年的市场总监，懂市场营销。既有财务知识又

知识链接：财务指标

财务指标是指企业总结和评价财务状况和经营成果的相对指标。

中国《企业财务通则》中为企业规定的三种财务指标为偿债能力指标、营运能力指标和盈利能力指标。

- 偿债能力指标，包括资产负债率、流动比率、速动比率。
- 营运能力指标，包括应收账款周转率、存货周转率。
- 盈利能力指标，包括资本收益率、营业净利率、成本费用利润率等。

懂市场营销是做企业必需的知识基础，我们相信你一定能把企业经营好!"

如果有人问你，管理从哪里出发？企业管理到底在管什么？你知道正确答案吗？

现实中的企业管理无非是围绕着这几大问题来运转：提高数量、变动价格、增加成本、加大资产或者削减投入。细想一下，这几大问题实际上都是财务问题。因此，企业家在调动企业任何资源的每个时刻，都是在做财务决策!

企业中的人员，作为企业最重要的资源，都应该为公司创造利润、创造价值，但是这个价值和利润又该如何衡量

> 员工培训是企业风险最小，收益最大的战略性投资。
> ——沃伦·本尼斯

呢？为公司创造价值，是企业家与其所管理员工之间的共同目标。有些企业家总是在处理员工的问题时感到棘手，但其实作为企业家，招聘员工的目的就是希望员工能为公司做出贡献，同时员工也可以得到一份薪酬作为回报。因此，企业家与员工之间是共同利益的关系，是唇亡齿寒的关系，而财务指标正是这一切工作的核心。因此，一个现代化的企业，一位成功的企业家，所有的管理都应该从财务出发，管理企业的日常经营。

1.2　如何正确地对待企业问题

» 提纲挈领，吊你胃口

企业管理行为的行动指南是什么？

如何将模糊管理转变为显现管理？

如何关心和使用财务信息？

一头雾水了吗？那就赶紧在本节中找答案吧！

1.2.1　中小企业的发展阶段和机遇

经营一家企业是很辛苦的。在经营的过程中，有些企业家会发现有了更高的销售额，利润却没有随之增长，甚至当企业在经营了两三年后，销售额的增长也受到阻碍。这是什么原因呢？其实，企业的发展是有规律的。企业的发展规律大致可以分为三个阶段（见图 1-2）。

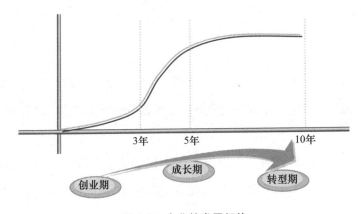

图 1-2　企业的发展规律

创业期（1~3 年阶段）　此阶段企业的主营业务模式逐步成熟，主要客户群也趋于稳定。这个时期企业经营的关键在于，企业的净现金能不能保持很好的滚动性。企业的利润有时候可能发生亏损，但现金流量绝不能亏损，因为企业的日常经营活动需要很高的现金流量作为支撑。在这个阶段，如果企业发展得很好，就会进入一个高速发展时期。

成长期（3~5年阶段） 这是企业的高速发展时期。这个时期企业经营的关键是，实现产品销售和利润获取之间的平衡。凡是成长性较好的企业都能够抓住这一阶段的经营，进入企业发展的高峰期。

转型期（5~10年阶段） 企业成长缓慢，销售额增长幅度下滑，企业能否再投资，找到新的利润增长点是这个时期经营的关键。在此时期，很多企业在主营业务达到高峰期后，利润就开始出现了下滑，企业只有发展新的主营业务或改良原来的业务经营，才能找到新的利润增长点。因此，这一阶段被称为企业转型期。

画龙点睛

从平凡走向成功是很难的，从成功走向更大的成功，更难！成功的关键在于企业在目前经营阶段所面临的市场空间。

相对于企业发展的三个阶段，中国民营企业家的发展也可以分成三个阶段（见图1-3）。第一阶段是20世纪80年代个体户的谋生，在市场上从事的是拾遗补阙的行当，谈不上是企业，发展至今已经所剩无几。第二阶段是1992年的"下海派"企业家。这些企业家到现在仍是中国民营企业掌舵的领头军，他们的优势

图1-3 中国民营企业家发展的三阶段

主要体现在传统经济经营领域内的搏杀。第三阶段是自 2000 年以来成长的企业家，一批积累了先进高科技、现代化管理知识和跨国运营工作经验的海外学子踏上了归国之途，推动了中国民营经济的创业大潮。在创业型企业快速发展的时候，中国的风险投资也随之出现。它们往往与高科技、互联网、风险投资和上市融资联系在一起。

20 世纪 80 年代，刘永行用 13 年的时间成立了希望集团，成为中国首富；而 90 年代，丁磊却只用了 5 年的时间就成为中国新的首富，因为他是依靠互联网新技术发展起来的。从这个角度来看，两代企业家的发展和成长，为中国企业带来什么样的启发呢？在此，我认为有三点非常重要（见表 1-2）。

表 1-2　中小企业的发展阶段带来的启发

发展阶段	启 发
机遇	全球性大设备制造开始向中国转移
挑战	仅以成本为导向经营的企业，在丧失了低成本的比较优势以后，面临的就不单纯是生产危机，而是生存危机
导向	企业的经营已经不能仅靠机遇或资源为导向了，需要的是软的能力导向。在这种软的能力之下，企业才具有持续发展的新能力

第一个是机遇。

中国民营企业在发展阶段中有三个机遇：20 世纪 80 年代的价格三规制、20 世纪 90 年代的市场爆发销售以及 2000 年的互联网时代。现在，我们正面临着又一个大的机遇：全球性的大设备制造已经开始向中国转移。比如，以大连领航的世界级造船产业集群，正在全力推进中国造船业向世界强国的目标进发。

第二个是挑战。

中国制造正处在一个瓶颈期，面临着物质资源和发展资源之间的矛盾。现在，全世界的铁矿石制造都在向中国集中，国内的钢铁行业面临着铁矿石大幅度涨价的压力，大批做出口型经营的企业面临着一个非常重大的挑战。仅仅以成本取胜的企业，资源的导向性就成为企业发展的最大障碍。在浙江、珠三角地区，很多制造加工企业正面临着企业转型的困境，这也告诉我们，仅以成本为导向经营的企业，在丧失了低成本的比较优势以后，面临的就不单纯是生产危机，而是生存危机。

第三个是导向。

在企业经营的过程中有几个问题需要澄清，中国的企业家做企业经营的第一个冲动往往来源于机遇导向。这就像今天的股民在不断炒话题一样。有时候抓住机遇对于我们来说的确很重要，但当你把企业当成一个市场，并且深入经营下去的时候可以发现，机遇对企业的经营越来越不重要。即使我们看到有比目前的企业经营更好的行业，也不可能去换一个行业来经营，机遇的导向型经营作用会变得越来越小。第二个冲动源于中国企业家对资源的偏好性。当可利用的资源越来越紧俏的时候，企业在发展中受到的约束也就越来越强。第三个冲动是大多数民营企业家喜欢用业务管理来代替企业管理，具体表现在通过强调做大销售额来扩大企业规模。

但在当前，企业的经营已经不能仅靠机遇或资源为导向了，需要的是软的能力导向。在这种软的能力之下，企业才具有持续发展的新能力。

始于 2008 年的金融危机为我们敲响了警钟，它预示着投机时代已经结束，管理时代到来了。如何通过一种软的能力来提升企业的管理？软的能力导向具体表现在什么地方呢？它表现为尊重客户的价值并跟顾客保持共鸣，这才是现代企业未来发展的导向所在。

1.2.2　企业的管理缺失与改善途径

当今企业经营中一个很时兴的话题就是上市。上市实际上就是把企业未来的利润提前变现，但是有多少企业家能真正知道上市的目的是什么呢？多数人都认为只要公司上市了，就可以把经营的包袱甩给别人，让别人一起去承担，同时这也代表着一种企业荣耀。如果你也有这种想法，那就大错特错了！

案例 1-2

企业家正确的上市观念

曾经有一位江苏的企业家想把他的公司推上市，当他找到我的时候，我觉得他的企业发展前景还不错，于是就介绍了几家投资公司的老板给他认识。后来投资公司方告诉他，向他的企业投资没问题，但条件是公司一旦入市，经营者就不能在短期内退出了。在得知这个消息后，他赶紧打电话告诉我，他上市的目的就是为了退出。我反过来告诉他，不要以为别人都是傻瓜，风险投资是不会把钱投给你，还替你去经营管理企业的，做企业永远要靠自己的辛苦经营来赚钱。企业家不应做投机家，应当是以经营管理为乐趣、以经营企业为生存的人，要对自己从事的事业有着强烈的热爱和进取心。

画龙点睛

　　企业家大力推动本企业上市，是为了解决融资方式并推动企业的再发展。客观上也可以改善公司的治理结构，用外部力量推动企业的持续发展。

　　现实企业管理之中，有些企业管理者经常对一件事情的事先、事中、事后联系不到一起，甚至对一些问题是混淆的，这就需要企业家和管理者共同把控好企业经营管理的三条线，如表1-3所示。

表1-3　企业经营管理的三条线

	对象	时间
行政管理线	人员	事先
经营业绩线	客户	事中
会计核算线	利润	事后

1. 员工的事前引导

　　我们经常在做一件事情之前，首先会考虑需要什么人去做，因此，很多企业都会因用人的问题而产生烦恼。人员实际上就是企业的资源，资源一旦进入企业就变成了资产，如何让资产产生效益是非常重要的。

案例1-3

新员工的工作价值取向

　　年初，我的工作室新进了一批年轻的员工。在第一次跟他们见面的时候，我问他们："你们到这家公司是来干什么的？"他们异口同声地告诉我："我们是来学习成长的！"我说："你们都错了。你们来到这里是来做贡献的，只有先付出才有可能得到公司给你的回报。"

人一旦进入到企业里，就要明白企业是经营活动的载体，必须建立利润导向，每个人一定要转换态度，企业面临的是残酷的市场竞争，需要能够冲锋陷阵的员工，工作意义首先是要能够对企业创造价值贡献，而个人的成长与学习则是副产品。

经济社会一定要讲贡献，在企业里更要推行价值导向。当你不能为企业贡献的时候，就不要指望企业来培养你。记得我当初刚刚进入外资企业工作的时候，老板给我们上的第一堂课就是：我们是一个利益团体，我穿一条裤腿，你们也穿一条裤腿，随后股东和员工一起努力，我们大家一起跑，才能在正确的方向上跑得更快。因此，企业事前一定要对员工进行价值培训，树立价值贡献理念。有了价值的贡献才有利益的分享。

作为企业的老板，可以不会具体地管理企业，但要学会区分员工的价值，要给那些为企业创造价值的员工不断加薪，鼓励他们继续做正确的事；将最差的员工不断地驱逐，削减经营成本。这就要求我们的企业家要学会如何用管理对价值进行区分。

不要花太大的精力试图改变不符合公司文化和要求的人，直接解雇他们，然后重新寻找。

——杰克·韦尔奇

2. 客户的事中判断

客户很重要，但不是所有的客户都

是我们的好客户。要记住，捡到篮子里的不一定都是菜。客户的价值是随着企业的发展而产生变化的，我们也要对客户做出相应的价值分析，重要的是根据"二八定律"去判断哪些占到20%的顾客为我们创造了80%的利润？判断的标准是销售额、利润，还是现金的价值？很多企业的产品品类很多，顾客也很多，但实际上多数顾客对企业的利润是没有贡献的。因此，按一定的标准对客户区分价值很重要。

3. 利润的事后衡量

企业中通常讲的利润都是事后利润，这是因为企业的会计往往是在经济活动发生过后，才去查看到底产生了多少盈利。从会计的角度来看，我们总是在事情做完了以后才知道做得好或不好，会计人员也因此获得一个外号，叫作企业经营的"验尸官"。为了更好地提高企业利润，我们需要在经营管理观念上做出转变。

（1）如何来衡量企业价值

什么才是企业真正的价值，之前我们一直认为是利润，但实际上并不一定如此。今天我们来重新思考这个问题，企业的价值是不是能够表现出来，企业价值能否保证企业持续稳定的发展，这才是企业的价值导向。

我们要对利润进行重新思考。利润是实现的销售收入减去支出。这个支出包括三个方面：

- 第一是在资产运作中占用的资金；
- 第二是在企业日常经营中发生的费用；

- 第三是在生产过程中产生的直接成本。

到目前为止，仍有很多的企业家不懂得最基本的财务价值，还在用业务的思维去管理企业。简单地认为销售额的提高就可以提高利润。

画龙点睛

这世界上最可悲的事情是，在错误的道路上勤奋地工作。

企业领导者在错误的道路上勤奋地工作，就是因为他不知道如何做才能真正地创造价值。通过对相关财务知识的了解，我们可以发现，企业账面上所表现的利润都是通过会计制度核算出来的，而会计制度从严格意义上来讲，是国家的征税制度。我们可以把企业中按照会计制度认真做账的会计人员，看作是国家税务局派驻在企业内部的驻点人员，从账面上的会计利润计算出企业应为国家缴纳的计税金额。从这个角度去重新思考，我们就能了解为什么企业的会计利润很高，但还是感觉不盈利的原因所在了。这实际上跟企业没有建立正确的价值导向有关，因此，我们要学习掌握价值管理指标——经济利润（EVA）。

改变粗放经营的方式——经济利润的应用。

因此我们不能仅仅考虑收入，还要考虑为收入付出的成本代价。但我们现实的财务活动不能真实地、全面地涵盖企业的成本。会计利润仅仅考虑了经济成本，而没有计算投入成本，因为这个缺陷导致了企业的粗放经营不能及时被发现。

经济利润要求企业必须把所有的成本都计算在内，保证会计利润的同时做出调整，用会计利润减去股东权益的成本。

案例 1-4

利润率高就是经营好吗

有一家企业年销售额为 100 万元，利润是 50 万元，从普通的会计角度分析，50% 的利润率非常高。但这家企业的股东投入了 500 万元，你还会觉得很好吗？

大多时候我们做事情往往只认定结果，却不知道付出的代价是多少，而这正是我们在企业的经营核算里面经常被忽略的部分。会计利润仅仅包含了经营成本，是基于纳税的角度。但从投资价值角度看，会计利润是没有包含投入成本的，就是要用经济利润来重塑企业的价值导向。

在现实的企业经营中，大多数的企业经营者经常是从股东那里拿来了钱，却没有做真正创造价值的事。现在我们明确了经济利润的概念，股东的资金投资就有了不同的衡量：

- 一是将这些钱存入银行，获得最基本的银行存款利息；
- 二是钱拿来之后没想好去做任何事情，就一直放到那里，这样就会因为物价上涨和通货膨胀而损失；
- 三是拿这些钱用作投资，这将会产生风险。

资金成本=存款利息+通胀指数+投资风险

由此可见，股东权益的资金有了最低的成本，它不仅包括资金成本，还包括机会成本。现在根据上市公司的财务指标来计算，相当一部分企业的经济利润是负值，其原因就在于它们从来没有计算过投入资金的成本代价。我们根据 2009 年度国有中央企业公布的财务指标来计算经济利润值，从数据发布的情况来看，按 8.5% 来计算资金成本（其中包含 5% 的银行利息，3.5% 的物价上涨指数），仍有 70% 的国有企业的经济利润是负值。这预示着国有企业如果再不改变价值理念，即便是大型国有企业也是没有出路的。因此，推行和使用经济利润指标应是企业价值衡量的首要标准。

同理，经济利润值也可以用在职业经理人的业绩考核上。现实中，多数企业经理人的奖金都是倒推出来的。老板总是想，经理人的

知识链接：经济利润

经济利润（economic value added，EVA）又称经济增加值，是基于税后营业净利润和产生这些利润所需资本投入总成本的一种企业绩效财务评价方法。

其公式为：

经济利润 =（投资资本收益率 − 加权平均资金成本率）× 投资资本总额 = 息前税后利润 − 全部资本费用

式中，投资资本总额等于所有者权益与有息长期负债之和；投资资本收益率等于企业息前税后利润除以投资资本总额后的比率。

年薪定位在 60 万元，其中 20 万元平摊在每个月算作基本工资，剩下的 40 万元奖金跟他的年度绩效挂钩。实际上，老板在心里已经设定好了经理人的考核标准。于是，每次的年终绩效考核就演变成了经理人和老板讨价还价的辩论。如果我们引进经济利润来进行考核就会避免此类麻烦。经理人的经营利润减去相应股东权益的资金成本，得出的经济利润就是衡量的标准，并以此进行增值部分的分享。

人生的经营成本是很高的，我们在做一件事情时，放弃做另外一件事情的成本也要计入总成本。但在现实生活中，我们总能非常直观地看到直接成本，比如说上课所付出的学费，却常常忽略为此所付出的时间代价。

画龙点睛

对于企业家而言，上课学习如同吃保健品，吃错药的风险比不吃药的风险大得多。

（2）如何能看到企业问题

案例 1-5

手机竞争的尴尬——站在客户角度看自己

诺基亚公司出产的手机在市场上很畅销，口碑也很好，但是面临的竞争状况却很糟糕。在手机销售市场上，一部不出名的山寨手机或二手的旧机器，经过包装都可以卖出好价格。做法其实很简单，在一部旧手机的外壳上喷上一层亮漆，把它摆放在商场的玻璃橱窗内，从橱窗的不同角度射出五颜六色的灯光打在机身上，如此一来，它从表面看起来跟真正的诺基亚手机相差无几。

于是问题就出现了：如何才能让顾客选择购买诺基亚的品牌机，而不去购买其他山寨产品或是旧机改造产品呢？

这就需要诺基亚将自己的手机跟所有竞争对手的产品放在一起去分析，必须想方设法地让消费者一眼就能看到他们的产品，或是让消费者主动寻找他们喜欢的产品。从顾客的角度去思考，站在客户的角度去看待自己的成长。

因此，我总结出一位成功的企业家正确看待企业问题的三个角度（见图 1-4）。

（站在外围看里面）　　　（站在高处看整体）　　　（站在未来看现在）

图 1-4　看待企业问题的三个角度

一是要站在外围看里面。学会从客户的角度来看自己，这样才会发现自身哪些方面还不够完美。企业经营最忌讳的就是夜郎自大，不识企业真面目。要勇于跳出来正视自己的不足，努力做到瑕不掩瑜。

二是要站在高处看整体。不能像盲人一般去摸大象，只了解到大象的一部分，却没有看到整个面目。在企业中，管理者很容易被两类人"绑架"。第一类是业务员，业务员总是拿客户的要求来要求公司。"客户要求最便宜，客户要求欠款，客户要求增加更多的服务"，卖不出去产品的业务员总会以这三句话为理由。因此，企业家要少听那些业绩差的员工抱怨，多与那些业绩好的员工分享。第二类是各部门经理，企业的日常管理工作都被中层管理干部所掌管。总经理一定要引导这些中层领导具备供应链导向，把所有的问题连接起来，以防止他们把自己的工作变成一个围墙。牵一发而动全身，只有把握整体才能做好细节管理。

三是要站在未来看现在。我们 YTT 的概念就是昨天、今天和明天。昨天是你的负担，明天是你的梦想，你需要的结果在于今天你选择做什么（图 1-5）。

图 1-5　企业的昨天、今天、明天

从未来看现在，就是以未来的目标规划安排今天的行为，从未来的角度来定位今天，思考就有了大的格局，就可以有步骤，也会有从容与平和。

除非你的广告有很好的点子，不然它就像很快被黑夜吞噬的船只。

——大卫·奥格威

这个世界缺的不是机会，而是想象力。想象力则是把自己的未来考虑好以后，反过来去推断今天我们应该做什么、学什么，这是个人未来发展的关键。我们通过学习用盈利的思维和价值导向来管理企业，这就是企业管理的想象力，随后再用成本导向的理念去选择在什么时间进行什么内容的学习。当你以各项忙碌的工作为由去推托学习的时候，就要考虑自己对时间的规划是不是合理。

人生在世，总有许许多多事情要去做，要做出人生的规划，让自身的层次不断得以提高。

在生活上，我们要学会扮演多层角色。你可以是爱人的老公、儿子的父亲、别人的朋友、员工的老板，但你要学会让自己柔软，用不同的面孔去面对不同的关系，否则你的人生就会错位；要学会体验多种生活。你可以去学知识、工作、娱乐，但你要学会如何规划，用不同的心情去体味不同的收获，否则你的人生就会乏味。

（3）知识应用——如何看待付出的代价

案例1-6 ....

万科总裁的顿悟——实现1 000亿元的秘密

2007年上半年，惠普中国区前总裁孙振耀先生应万科集团总裁郁亮之邀，为万科的经理人进行了一次培训。

具备丰富大企业经验的孙振耀举了个例子：一个销售员从100万元的业绩做到1 000万元，会在公司里面获得很高的地位和影响力，当要求他在两年之内从1 000万元做到2 000万元时，他可能就会觉得压力很大、很困难，会要求有更多的资源和更大的激励。比如，增加个人绩效奖金，增加公司的销售投入（人员、广告等）。

如何认识这个问题？需要先思考两个方面：

第一，金钱激励对能力有用吗？

对于同样一个业务员，给予更多奖金可以提高工作能力吗？答案是否定的！金钱可以激发人的工作热情，但不能激发同一个人的工作能力。

第二，能力越低的人对公司的资源浪费越多吗？

能力差的人业绩是依赖公司资源投入的，在我们的周围经常可以发现大公司里的平庸者。公司的实力不等于个人的能力！

如何解决这个问题，从公司利益角度出发，孙振耀提出了另外一种选择，那就是去社会上请一个做过3 000万元的人来做这个2 000万元的业务。

孙振耀先生此番话一出，当时坐在下面的万科总裁郁亮立即感觉"顿悟"了。几年来，万科最大的变化是企业规模和市场份额迅速扩张，销售业绩从2003年的60多亿元增长到2007年的355亿元，这是一个了不起的成就。2004年万科曾给自己设定了一个10年计划：1 000亿元的目标和一个标杆企业。如今万科的增长已经超越了计划，这意味着万科将很快面对从一家中型企业向大型企业的转变。在这个转变过程中，比如高速增长所带来的联动反应可能会稀释掉公司原有的管理资源。

今后的发展如何持续？这里面既有心态问题，也有能力问题。

一旦在这个方面想通了，万科马上开始针对此问题采取了一系列的管理改善计划：劝退了1998年以前的老员工，腾出职位引进更有能力的新人。万科要做到1 000亿元的年销售额，就要到全球去寻找做到过2 000亿元的人才。为此，万科的人力资源总监亲赴美国招聘经营过大公司的人才。万科是一个管理措施坚决到位的公司，于是顺利地完成了此项公司能力提升计划。2010年万科实现了年销售额1 000亿元的目标。

万科非常好地处理了企业成长的核心问题——能力的制约。

由此可见，公司在不同的发展阶段需要不同的人才来驾驭，公司的成长不能仅仅靠资源的投入。仅仅靠外部机会，即中国经济的整体成长、本行业的持续自然发展等来拉动企业的发展，这种成长对于所有的企业来说都是机会。但在激烈的竞争环境下要想成为领导者，就一定要超越整体经济的成长性，超越本行业的成长性，就要有能力推动企业的发展，就要有内部动力。超越平凡才是能力，才是真正意义上的企业竞争力。

有的人看到这里也许会问，这样做会不会太残酷了？其实企业经营原本就是这么残酷，因为它永恒的目标就是求发展。企业家一定要

牢记，要用发展来解决企业问题，如果确定了要实现的目标，就要非
常明确地衡量所付出的代价，把所有的成本都考虑在内，唯有这样才
能够真正地认识资本的价值，才能把事情做得更好。

⭐ 珠海拾贝，史老师财务语录

- 正确的财务理念有利于企业价值的提高，错误的财务理念有损于企业价值的创造，甚至最终导致对股东财富的巨大侵害。

- 对于一家企业来说，经营好坏的衡量标准不是净利润，不是现金流，而是财务指标。

- 一位成功的企业家，所有的管理都应该从财务出发。

- 企业家和管理者要共同把控好企业经营管理的三条线：员工的事前引导、客户的事中判断、利润的事后衡量。

- 从顾客的角度去思考，站在客户的角度去看待自己的成长。

- 如果确定了要实现的目标，就要非常明确地衡量所付出的代价。

第 2 章

如何建立企业盈利的衡量标准

- 身价过亿元，就一定拥有过亿元的资产吗？

- 拥有过亿元资产，就一定值亿元身家吗？

- 所有的管理，都必须有衡量的标准吗？

- 无法衡量的东西，就是不能管理的吗？

- 数字代表着什么？

- 是结果还是标准？

身为企业的老板，你拿什么来衡量自己经营企业的价值呢？关于这个衡量的标准，有些人认为是舞台大、规模大、营业额高、资产规模做得大，利润高，其实这些都不对。企业经营的衡量标准是如何提高股东的回报率。把股东回报率分解到企业的管理上，并利用相关的财务指标去检测。

企业的财务指标，既是企业经营成功的关键，也是企业管理成败的衡量，更是企业家个人能力的表现，也是经理人业绩衡量的标准。这个标准可以充分地表明，一家企业运营的好坏不取决于我们在工作中表现出的态度，归根结底取决于数字指标。

在这个标准之下，企业管理者在日常经营中必须厘清代表企业盈利四个因素之间的关系。

本章内容要点，如表 2-1 所示。

表 2-1　本章内容要点

内　　容	摘　　要
代表企业盈利四个因素之间的关系	资产 ≠ 营业额 营业额 ≠ 利润 利润 ≠ 现金 现金 ≠ 利润

2.1　资产、营业额、利润、现金之间可以画等号吗

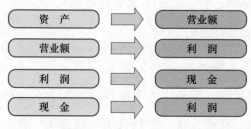

图 2-1　资产、营业额、利润、现金之间的关系

2.1.1　资产 ≠ 营业额

首先我们要弄清楚一个问题，资产和营业额是什么关系？

有人说，资产是创造营业额的手段。资产的确是创造营业额不可或缺的重要手段，但是，是不是意味着资产越多，营业额就越高？我想很多企业家会说，这不一定！还要看资产的质量如何，盈利的质量

如何。但是如果没有资产，能否把企业营业额做得很高呢？有人说，这不可能。但我们纵观中国创业板上市的很多企业，实际上很多企业的资产很少，却非常赚钱。因此，我们可以说，资产和营业额之间既有关系，也没关系。

打个比方，企业的一条生产线能生产 100 件产品，如果有两条生产线就可以生产 200 件，此时资产就增加了，我们当然希望营业额也会相应地上升。但问题是，假如企业的一条生产线生产 100 件产品实现的营业额是 100 万元，当用两条生产线生产出 200 件产品的时候，由于产品卖不出

> **知识链接：资产**
>
> 资产是指企业过去的交易或者事项形成的由企业拥有或控制的资源，预期会给企业带来经济利益的资源。资产是企业、自然人、国家拥有或者控制的能以货币来计量收支的经济资源，包括各种收入、债权和其他。

去，营业额就不会按照预期所希望的那样上升。因此，资产增加可能会帮助企业实现更高的营业额，但是有资产不代表就有营业额。

你可能会质疑，为什么当今很多中国企业家都喜欢做资产呢？

案例 2-1

要贷款必先要资产吗？——企业家的"资产情结"

有一位企业家对我说："我想把一大笔资金投入在固定资产的

购买上。"

我问他："为什么？"

他说："每次去银行贷款时，银行都要求我抵押固定资产，因此，我觉得有必要先投资一部分固定资产。"

我问他："你要贷款多少？如果要投资固定资产又需要多少流动资金呢？"

他回答："我要贷款 4 000 万元人民币。若要投资固定资产需要 6 000 万元的资金。"

案例 2-2

真的需要建办公楼吗？——建造办公楼的纠结

另有一家上市公司的老板也找到我，对我说他经营的公司所在地有一处烂尾楼，他决定要在那里新建一个办公楼，准备花费 5 000 万元盘下来，后期还准备在此投资一两亿元。

我问他："买了房子有什么用呢？"听完我的问话他开始抓着头皮找理由。

第一个理由，我们是上市公司，为了良好的形象，必须要有办公大楼。

第二个理由，公司本身可以用两层楼。

第三个理由，公司的产品可以有地方展示。

这些理由经过仔细考虑都是不能成立的。

　　这两个案例是企业家在企业管理中经常会遇到的资产决策问题。

　　我相信第一位企业家心里也非常清楚，要用 6 000 万元的流动资金去换取 4 000 万元的银行贷款绝不是最优决策，第二位企业家也明白新建办公楼只不过是面子工程，但是仍有很多企业家跟他们一样在忙着做资产。究其原因，都是源于中国企业家内心里面传统的"资产情结"。我们一直都以为经营企业，一定要有像样的楼房和工厂。但实际上办公室只需要一两层楼就足够用了，完全可以用租用的方式解决。建造厂房和购进资产的资金完全可以节省下来，将现金投入到经营活动中会获得更多的回报。至于产品展示就更没必要有单独的房间作为展区。产品应该在客户经常出现的地方做展示，客户是不会为了看我们的产品而特意跑到公司来参观的。

　　如何正确地看待资产呢？很多人喜欢资产的原因是，认为有了资产就有了一切。但房子拥有得多，却不一定幸福（见图 2-2）。

图 2-2　房子等于幸福吗

　　资产的问题往往是很多企业规模庞大，营业额却并不理想的原因所在。其实对于企业而言，最重要的不是资产，而是企业的品牌。

　　我们通常会发现一个有趣的现象：在家庭生活中，女主人的幸福指数往往跟房子的大小成反比。同理，对于企业来说，任何资产都是成本，客户并不会为企业拥有的全部资产而购买产品。

因此，资产问题的关键不在于拥有多少，而在于有没有被充分利用，资产的利用率才是关键。

画龙点睛

企业的经营安全跟现金有关，在需要的时候能拿得出钱，这才是安全的。

有些企业不需要资产，它们利用轻资产进行经营，同样也会做得很好。很多新兴的借助网络平台经营的企业就是轻资产经营的典型代表。在很多传统类型经营的企业里，资产规模往往是实现更高营业额的前提条件，但并不是充分条件。

在当今轻资产经营之所以受到投资者的追捧，是因为轻资产更加注重资产的有价性与利用率。因此，从现在开始企业家们就需要转换一个观念，企业经营是不是真的需要运用这么多资产？

企业最大的资产是人！
——日本经营之神 松下幸之助

案例 2-3

我要投资吗？——企业长，资产涨

前不久有位企业家朋友曾找到我，邀请我投资他的企业，我婉言拒绝了他的要求。他的企业是做装备设备的，企业销售额的上升必须靠资产同比上升，销售额上升 100%，资产也需要投入 90%，从会计报告里看，利润率还比较好，但企业赚的钱又不断地用于购买资产，销售额上升必须与资产增加来配套，这就吃掉了企业现金。这样的企业关键是要提高产品增值，提高资产周转率，由此提高股东的回报率。如果简单地将资金投入到这样的一个民营企业中，未来获得的回报就很少。

我经常跟几位企业家朋友在一起开玩笑说，中国的企业家跟农民很像，我们将其归结为企业家的"农民情结"。农民有了钱就会买地、盖房子，这是他们毕生的追求。今天大多数的中国企业很喜欢做资源、做资产，表现在有很多赚钱或不赚钱的公司都喜欢去投资房地产。大家都知道房地产行业是一个高资本、高资产密集型的行业。在国内，这类高资产行业就代表着高垄断性的利润，正是这种垄断利润的投机性，驱动了很多企业都去购买资产。它们盲目扩充资产，在拼命追求高资产的同时，却没有实现营业额的同比上升，最终只能落得倒闭的下场。

企业销售额做到一定程度以后就提高不上去了，要突破这个瓶颈，就要从以下三个方面加以解决（见表 2-2）。

表 2-2　突破销售额瓶颈的三个方面

要　点	实　例
销售半径的扩充	销售区域从长三角地区扩展到全国市场
客户类别的增加	男装生产企业可新增女装、童装等产品，增加客户类别
产品品类的增加	肉类加工企业可增加各类鲜活动物的产品类别

第一是销售半径的扩充。一家原来以长三角地区为销售市场的企业，当决定开始面向全国市场进行产品推销时，企业的销售区域就会扩大，但同时销售成本也增加了。

第二是客户类别的增加。原来做男装生产的服装制造企业，为了提高销售额，就增加了女装和童装的生产和经营，这样就增加了客户类别。

第三是产品品类的增加。企业都希望客户可以更多地购买自己企业的产品，有时候这就需要增加产品的品类去满足客户的多种需求。

这三方面都预示着同一个问题：你的代价是什么？销售瓶颈的突破，就取决于这三个要素，而这些要素的增加必须有更高的成本，更高的管理代价来支持。

当销售额在不断提高时，如果不去评估代价，利润就会在代价中被淹没。利润管理实际上就是对支出的控制、对收入的管理。支出的控制体现在企业对成本费用的管控能力上，收入的管理则体现在企业的经营能力上。当企业的销售额上升而利润没有增长时，我们千万不能认为这仅仅是市场竞争的结果，它实际上折射出的是企业管理的支撑力没有达到增长的要求，管理和销售之间失去平衡，直接导致了利润的流失。

2.1.2 营业额≠利润

有营业额就有利润吗？很多人说那不一定，有时候营业额上升很多，利润却没有同比上升。

案例 2-4 ···

规模扩大后利润的持续——新盈利模式的创新

广东一位企业家经营电子工厂，已经经营了 10 年之久，年销售额大约为 10 亿元，年净利润为 2 000 万元。如此可观的规模，背后是企业家的辛苦经营，但由于近期这个行业中产品的价格不断下降，如果他想要赚更多的钱，就必须扩大企业的生产规模。但扩大规模就有更多的利润产生吗？

当他询问我接下来应该怎么做的时候，我们对制造业的盈利问题做了一番探讨。制造类企业赚钱的途径有两个：一是企业资产被充分利用，靠增加产品的边际贡献来赚钱；二是控制原料厂商，通过有规模地大批采购来提高生产的利润值。

我给他提供了三条可供选择的建议。一是继续投资。靠投资去做大企业规模，但这样企业将面临资本短缺的境地，需要去找新的资本市场，比如可以通过上市来融资，用股权去换资本等。二是把公司卖给别人或者被别的企业并购，这是一个退出经营的途径。三是改变企业的盈利模式。

听到我的建议后，他马上急着跟我表示自己还是很愿意继续经营企业的，不想把自己辛辛苦苦取得的经营成果卖给别人。于是，我又到他的企业去现场调研，走访了行业的上下游，为他提供了一个改变企业盈利模式的思路。

后来我的建议是，把工厂的制造业全部抛开。公司的厂房一部分可以卖掉，一部分可以出租，然后在市中心租用一间很好的写字楼，开始转型专门给电子生产企业提供全球采购服务。从最初直接经营产品的生产企业，转为专门帮其他电子工厂做全球采购的贸易商。由于他有过10年该行业的生产经营经验，事先已经通过多个渠道了解到该行业的生产需求和产品供应情况，依靠这个优势去横向转型就能做到事半功倍。此外，我建议他去聘请一位职业经理人，依靠经理人专业的管理和人脉渠道拓宽企业的服务市场。

两三年以后，经过我的辅导，他的企业已经成功实现了转型：从生产商到供应商的转变，使其企业的净利润总额达到了8 000万元。另外，他用200万元的年薪聘请了一位来自中国台湾地区的总经理，把公司交给总经理经营并给予一定的利润分成，自己仅掌握公司的战略规划与财务预算。

这个例子告诉我们，做企业一定要清楚地知道到底是要销售额还是要净利润。面对销售额的增长，我们先要将企业外部的经营和内部的反馈相结合，最后达到价和量的平衡。

因此，我们可以发现，用总营业额的上升换来总利润的上升，牺牲的是利润率。但如果利润率牺牲过度，就会越做越亏钱。

> 管理者是正确地做事的人，领袖是做正确的事的人。
> ——沃伦·本尼斯

前不久有位老板问我："史老师，企业的营业额做到2 000万元的时候是赚200万元的利润，今天我的营业额达到了2亿元，怎么只赚了 200 万元的利润呢?"

　　有营业额但为什么没有利润? 有人说,那是因为费用过高,或者说是利润率很低。因为我们知道即使销售额上升,但企业的利润率却在下降,那么企业的利润额可能并不高,甚至还有可能会下降。

　　这种回答只是描述了一种现象。若用财务理念去分析,真正的原因则是当营业额上升以后,那部分增长的营业额是以成本的过度使用为代价的。成本的过度使用,就会吃掉企业应得的利润增长,这个问题在很多中小型企业内普遍存在。举例来说,我们以 100 万元的代

知识链接:企业利润率的主要形式

- 销售利润率。一定时期的销售利润总额与销售收入总额的比率。它表明单位销售收入获得的利润,反映销售收入和利润的关系。

- 成本利润率。一定时期的销售利润总额与销售成本总额之比。它表明单位销售成本获得的利润,反映成本与利润的关系。

- 产值利润率。一定时期的销售利润总额与总产值之比,它表明单位产值获得的利润,反映产值与利润的关系。

- 资金利润率。一定时期的销售利润总额与资金平均占用额的比率。它表明单位资金获得的销售利润,反映企业资金的利用效果。

- 净利润率。一定时期的净利润(税后利润)与销售净额的比率。它表明单位销售收入获得税后利润的能力,反映销售收入与净利润的关系。

价，做了 5 000 万元的企业规模，如果想继续做到 1 亿元的规模，一般来说，相应地付出 200 万元的代价是远远不够的。这是因为当营业额做到 1 亿元规模的时候，产品的销售阻力和困境就会增加，这种增加就意味着企业需要花费更高的成本，企业的利润率是下降的。因此，企业家要对成本费用的上升有一个清楚的认识和管理，这也同时关系到企业的管理能力与盈利要求的支撑度、企业对营业额和利润的管控能力。

这里要跟大家说明一个很重要的问题：新增加的销售额不划算。

新增加的销售额划不划算直接反映了企业的利润管理水平。目前，利润管理水平是很多企业面临的一个非常重要的挑战。我经常跟企业家朋友聊天的时候听他们讲，利润管理中的最大问题是客户的讨价还价，客户一还价就证明是竞争对手把该行业的利润给拉了下来。但实际上利润管理得好或不好，跟企业的营运模式和老板的财务思维有关。

从财务分析的角度来看，在利润的组成部分中，收入是经营的结果，支出是管理的范畴，当管理的能力跟不上利润增长的要求时，就会导致成本过高。当管理推不上去的时候，很多中小型企业要实现营业额的增长就会选择以过度成本为代价。

企业家们一定要牢记，收入是经营的拉力，支出是管理的推力。当企业不断拉动经营时，收入就会增加，但如果管理能力、控制能力跟不上，利润就会流失得很严重。

画龙点睛

销售额增长要关注增长所付出的成本，否则利润就无法保证。

2.1.3　利润≠现金

在追求财富的道路上，我们总感觉梦想很丰满，现实很骨感。做企业更是如此，明明看着梦想的利润距离我们越来越近了，但现金又一下子将我们拉得很远。

案例 2-5

会赚钱就一定会有钱吗？——财富要有合理的规划

某港台明星，其挥霍能力让人咋舌。衣服非名牌不穿，买来的裙子，穿过一次就不要了，名牌的包和鞋子更是堆积如山。由于她挥霍成性，她的丈夫除了靠演出赚钱外，还要以投资房地产来补贴家用，但因破产后无力支撑她昂贵的花销，最终两人离婚。

奥斯卡影帝尼古拉斯·凯奇，尽管年收入高达 2 600 万美元，却终因挥霍无度和投资失败，陷入卖楼还债的窘境。2007 年，他和莱昂纳多·迪卡普里奥争夺一个恐龙头骨，最终以 27.6 万美元的价格将其拍下。同时，他在漫画书方面的投入同样出手阔绰。身为好莱坞巨星，表面上凯奇并不缺钱。但事实上，由于挥霍无度的投资购买，这位巨星目前已经入不敷出。近年来，我们总能在媒体上看到他备受指责，他接拍了太多的烂片，可能是因为他太缺钱了。

⋯⋯⋯⋯⋯⋯⋯⋯⋯⋯⋯⋯⋯⋯⋯⋯⋯⋯⋯⋯⋯⋯⋯⋯⋯⋯⋯⋯⋯⋯⋯⋯⋯⋯

这两个例子都体现出了一个共性，明星相对于普通人来说都很能赚钱，但却对自己的财富没有合理的规划。一旦手头的资金不足以维持正常的生活，必将面临破产的境地。因此，能不能赚钱和有没有钱花是两回事。

对于企业来讲，这里面隐含着一个常识性的问题：利润是赚钱，现金是有钱。当今中国很多企业实际上都在进行着负资产经营，也就是有很多负债，这么多的负债都是怎么来的？究其原因我们发现，企业新建造的厂房、新购进的地皮，都是用银行的贷款来实现的。把企业类似的总资产进行一次盘点，就会发现总资产是负数，而且每个月的还款压力也很大，手头没有可以应急的资金。这就充分说明了一个问题，能赚钱不代表有钱（见图2-3）。

我的钱呢？

图 2-3　钱到哪里去了

这实际上也是一个财务上的问题，很值得我们思考。很多企业账面上的利润很高，实际上却没有钱，即没有真金白银可供企业周转经营。企业在短期内一旦出现资金流短缺的情况，就会轰然倒下。身为一位企业的经理人，当你每次跟老板汇报的时候都会力图向老板表现：我赚钱了。那么老板一定会反问你钱到哪里去了？我们当然不能拿着所有的订单、合同摆在老板面前，然后指着上面的数字说：钱在这里，在客户手里。这就是很多公司外表看似都在赚钱，但却经常没有钱用的原因。我们对企业经营过程没有进行很好的监管，对现金流缺乏很好的掌控，赚来的都是纸面上的财富。

我们也会经常看到有的公司刚刚收到客户的 100 元钱，转眼间有 95 元就已经付了出去，手里只留下了 5 元钱，这种财富被我们戏称为"过路财神"。过路财神赚的钱就是销售额和利润的差额，差距大了就会发生赚钱却无力把钱留住的情况。因此，我们应关注企业经营中更为深层的部分——现金。

利润增长以后，为什么企业的现金没有增长？你也许会说，企业的库存和应收账款会"压"住现金。的确，利润和现金本就不是一个概念。

利润可以以任何形式存在，比如库存材料和商品、应收账款等。本期实现的利润用于进货，或者用于归还前期的应付账款，还有可能用于垫付日后所需的各类货物的预付款项，又或者企业的销售已经实现，但由于客户没有及时付款而形成了应收账款。上述各种情况都有可能使企业运营中的现金比企业的利润少。也有另外一种情况，假如公司提前收到了客户的预付账款，这时企业运营中的现金就会比企业的利润多。因此，利润和现金不能简单地画等号。

画龙点睛

现金与利润相比，在经营上有滞后性，只有严格控制经营过程才能管理现金。

2.1.4 现金≠利润

有现金为什么没利润？有的企业家说，明明公司有很多钱，为什么经营到最后还是赔钱了呢？那是因为企业在现金流的管控中，不仅有现金流入，还有现金流出，也就是发生了企业经营的成本项。

案例 2-6

谁偷走了餐饮店的利润？——管好企业的现金流

我们在日常生活中最为熟悉的莫过于餐饮业。去餐厅吃饭的时候，几乎所有的客人都会有一种感觉：餐厅很赚钱，餐饮业的毛利润都能达到50%以上。这是因为，我们看到在菜市场中只需要几角钱就可以买到的青菜，到了餐厅里面一盘青菜动辄就是几十元钱。顾客大多都会感觉被餐厅老板狠狠地宰了一刀，也自然会认为餐厅老板很赚钱。

案例 2-7

伸向美容院看不见的手——用财务去管住钱

有一次我回家进门刚放下行李，太太就凑上来笑嘻嘻地问我："你有没有发现我哪里变化了？"原本我并没有注意到，但当我看到她自我陶醉的神情，就很慎重地说："好像有改变……"还没等我说完，她又忍不住笑着问我："你没有发现我脸上皮肤变白了一点啊？"接下来她很高兴地告诉我，她去做美容了。最近一个星期连去了两次，花了 5 500 元办了一张美容卡，还跟几位朋友约好以后要一起去。

大约两个月过后，我再次回到家偶然间问起太太有没有继续去做美容，她对我说："卡里的钱终于用完了，以后再也不去了。"我很奇怪地问："钱用完了，为什么不继续充值呢？"她告诉我，在网上找到了跟美容院提供服务所用的同一套产品，一模一样的产品套装仅卖 263 元，而美容院的老板却卖给她们 5 500 元。

通过上面两个例子，你是不是也感觉经营餐厅和美容院很赚钱呢？但实际上，很多餐厅和美容院的老板赚钱也不容易。

拿第一个例子来说，经营餐饮行业的企业每天开门营业，就能看到现金源源不断地收进来，老板会感觉很赚钱。但该行业的经营有一个特点，在经过一段时间的资金积累后，为了吸引更多的客户和更高层次的人前来就餐，老板就会想到提高餐厅的标准和档次。于是，我们就发现每隔两三年，餐厅必会重新装修，或者搬迁到更繁华的地段继续经营。如此折腾，把之前赚到的钱又吐了出去，这就使餐厅短时间里看起来是赚钱的，但盈利又会被装修粉饰和房东拿走了。

在第二个例子中，美容院的老板也许会说：我很赚钱，一套产品以 263 元的价格买进来，只要附加一定的服务成本，就能以 5 500 元的高价卖出去，赚了很多啊！但经营到最后却发现还是没有钱。这个问题的关键就在于很多美容院的老板都不具备财务意识。从单个产品的买卖来看，似乎是赚钱了，毛利很高，销售是提前发生的，美容院虽然提前收到了客户的现金，但这个现金跟单张美容卡上的利润差距很大，因为随后发生的诸如房租费、人工费、管理费和广告费等开销也很大。

这是两个很典型的有现金却没利润的案例。服务业是先有资金进账，后有成本发生的。每天坐收现金的感觉很好，但每到月底结算水电费、房租，或是两三年后重新装修计算成本的时候才发现，先前收的那些钱，还不足以弥补之后发生的全部费用。

画龙点睛

服务业利润的管理特点是，先有收入，后发生成本。因此，经营者需要懂得预估成本核算的意思，才能管理好利润。

因此，先收到钱的企业家，感到自己手头有很多钱，并不会意识到之后将要发生的各项成本，从而在对后续成本支出的决策上很不谨慎，以致造成了"零利润"甚至"负利润"的后果。而相对地，那些传统的制造业是先有成本后有收入的企业，在这种情况下，很容易看清楚经营的成本，也更能做出详细的定价，从而收回足以覆盖先前成本的钱。

画龙点睛

比利润管理更高明的是管理现金。

这里实际上要教会大家从财务的角度去重新思考企业的资产、营业额、利润和现金，把财务思维融入经营管理中。但在学习运用中大家遇到的最大问题是，如何把财务思维同经营管理的问题连接起来？如何才能在保持良好营业额的同时也能确保很好的利润？这就需要我们思考，去建立一个正确的企业盈利的衡量标准。

案例 2-8

图书经营的困境——供应链长导致成本高

有位马来西亚的企业家做的是图书出版生意，该企业的现金支出从最初纸张采购的成本，到后来的图书营销费用，再加上运营过程中包含的一些还未收回的应收账款，最终导致企业的现金在这些经营项目上全部流走了，利润也在这些环节流失了。

由此可见，在企业经营的过程中，成本存在于各个环节，利润最终也将流失在成本里。我们既要能预测企业的经营成本，也要合理地管理企业的现金。

画龙点睛

有时一些单笔业务的利润很高，这往往会让我们迷失双眼。

有些企业的成本是事先发生的。诸如很多制造类企业，因为要提前购进原材料、招员工、付工资，直至后来把产品卖出去以后才能收回资金，因此成本是先发生的，这就更需要我们对企业的现金进行合理的管理和规划。

对于现代企业来说，银行存款为"零"的企业，才是一个经营运转良好的企业。但现实情况是，很多企业家的手里一旦有了钱就开始犯错，到处投资，最终导致企业现金流的失控。

案例 2-9

美容院的失败经营——成本后置的控制

曾经有一位来自北方开美容院的企业家对我说，他经营的店面 1 年内起码有 3 000 多万元的现金进账，可是每到年末和年初，员工的奖金和工资一发、房租一付、广告费一结，结果发现还欠着别人的钱，自己反而没有钱了。因此，有现金不代表有利润。因为利润，总是跟收入和支出挂钩的，而现金，总是跟收入和负债挂钩的，这是两个问题。

如果一开始企业就建立起了正确的企业经营状况的衡量标准——财务指标，用"利润=收入-成本"这个财务思维来衡量管理的效果，那么无论是先有收入，还是先付成本，都不会出现有利润没现金的窘境。因此，企业家都应建立一个标准，为企业的正常经营设立一个成本底线、一个现金底线。

2.2 不能衡量的东西，一定是无法管理的

资产、营业额、利润作为财务指标，如果不能找到它们之间的关

系，就无法衡量企业经营状况的好坏。　　无法评估，就无法管理。
因此所有的管理，必须要有衡量，不能　　　　　　——琼·玛格丽特
衡量的东西，就是不能管理的东西。

案例 2-10

不开发票真能避税吗？——无知者无畏

河北唐山一位企业家做钢材生意。有一次他在听过我的课程之后就跑来告诉我，他被他企业的会计给害了。看着他着急的样子，我决定先帮他查找一下问题到底出在了什么地方。在看过企业的账目，大致了解到企业经营的具体情况后，我们找出了出事的原因。

不久前税务机关例行到他的企业去查账，结果检查出来有逃税的行为，若是不补齐税款加相应的罚款，3 个月以后就要拘捕相关责任人。一听到这个消息，企业的会计被吓得立刻辞职了。事情其实很简单。他在销售商品的时候，会遇到有些客户跟他讨价还价：便宜些卖不卖？他当时想，只要卖产品就要开发票，开发票就要交税款，交了税款利润就没有了。于是，在权衡之后，他对客户说：不开发票就能便宜。结果可想而知，货物已经卖出去了，发票却没有开具，会计账面上的库存商品数目就没有减少。税务局来检查的时候发现，明明账面上的产品都在，但仓库里却没有货。

税务局要求他把原来购进原材料中已经抵消的进项税款补交上，然后再补交滞纳金和罚款。弄清楚这个问题后，我分析说：企业会发生这样的问题不是会计造成的，而是由你造成的。老板不懂得财务就

不会约束自己，会计是老板决策的执行者，出了事结果必然由老板来承担责任。

后来他专门跟我学习了YTT企业决策，并将在这里学到的财务思维运用到企业管理之中，企业的经营状况也逐渐有了起色。后来，他在做产品价格分类和价格决策时发现，企业中卖得最贵的产品居然不是赚钱最多的，价格最便宜的产品也不是赚得最多的，竟然是居于中段的两个产品的盈利能力最强。在分析过后，他开始专注于中间这两个赚钱产品的销售。两个月以后，企业不仅还清了罚款，而且净赚了300万元。因此，用财务的思维去管理企业对于领导者来说至关重要。

国内太多的企业家都缺乏用财务知识来管理企业的思维，更有甚者一谈到财务就有排斥的情绪，他们认为这是会计的事情，跟管理无关。其实这种认识是错误的，在企业管理中，所有的领导者都应该把好管理的三道关（见表2-3）。

表2-3　企业管理的三道关

	诠　释
共同的价值观	只有统一的价值观才能产生协调一致的行动
必备的财务预算知识	财务预算是企业管理的语言和衡量指标
有效的流程管理	用衔接的流程去控制过程，会让事情做起来更顺畅

第一道关，共同的价值观。

盈利的价值观在任何一家企业中都非常重要。只有统一的价值观才能产生协调一致的行动。

第二道关，必备的财务预算基本知识。

价值观是做人的问题，预算是做事的问题。懂财务是定标准，有了标准就找到了企业前进的正确方向。财务预算是企业管理的语言和衡量指标，如果不懂得这方面的知识是不可能做好事情的。

第三道关，有效的流程管理。

流程管理需要企业的每一个员工一定要清楚上下环节的岗位是谁，和谁配合，要向谁汇报，让整个流程衔接起来去控制过程。这会让事情做起来更顺畅。

在为诸多企业家讲利润管理课程的十年时间里，我深刻地感受到国内企业的老板们在这方面的知识很匮乏，这跟中国企业的发展历程有关。中国企业的发展历程较短，经营管理多以机会为导向，当企业仍在以简单地不断拉升营业额为目标的时候，就会发现利润和现金流失得更快，甚至有很多企业因严重的财务危机而导致垮台的范例时时发生在我们身边。因此，我们要对前面所讲的问题做出重新思考，建立起领导者的财务理念。

企业在开展任何的盈利活动时，首先需要确定这件事情的性质，之后再考虑如何衡量它，随后才能开始动手去做。不能衡量，就不知道如何开展，更不知

管理企业是一个不断打破现有系统与破除积习的过程。

——马克·麦考马克

道哪些东西是需要把握的，也不清楚这个问题的急缓程度和做事的底线。唯有衡量，才是管理好一个企业的前提。

　　国内的企业在管理中通常存在一个误区，很多成功企业家的管理思维都是营销导向型的。这种类型的企业家认为只要发现了市场机会并把握住了，就是将一个企业做成功了。的确，抓住市场的机遇，懂得客户的需求，就可以轻而易举地创立一个企业。但我更希望大家能够注意到另外一个事实，这就是一个企业要想做大做强，企业家必须要有财务理念。在当今世界500强的企业中，有48%的CEO都是做财务的出身，全球跨国公司的总裁都需要过的一个门槛，就是财务关。在我们周围有太多的企业做大以后，在日后的发展中并没有做强，呈现出民营企业做得越大反而越被做垮的现象。其根本原因就是该企业的财务管理体系跟不上企业发展的步伐，不具备财务理念的领导者也就意识不到这一点。一个仅以简单的营销为导向的企业可以开拓一个市场，但很难保持企业长期稳定的发展；而一个具有财务理念的总经理更容易让企业保持利润，这是一个不争的事实。企业的稳健发展比企业瞬间膨胀又快速死亡更为重要，因为活着比发展更重要。因此，用财务理念去管理企业是现今的中国企业家特别需要弥补的。

⭐ 珠海拾贝，史老师财务语录

- ❑ 资产、营业额、利润作为财务指标，如果不能找到它们之间的关系，就无法衡量企业经营状况的好坏。
- ❑ 所有的管理，必须要有衡量，不能衡量的东西，就是不能管理的东西。

第 3 章

观千剑而识器——运用
财务理念，解决经营难题

本章内容要点如表 3-1 所示。

表 3-1　本章内容要点

内　容	摘　要
企业发展的进程	1. 小而全：这是普遍的中国企业创业开始时的状态，原因在于寻找各种机会 2. 小而专：关键是聚焦，聚焦的关键是能力，这就要求很多企业在发展的道路上要学会放弃 3. 大而专：必须具备三种品质——坚持、耐心、拒绝诱惑 4. 大而全：除了依靠大环境的需求外，更重要的是需要政府职能的转变，市场法制的健全，产业与金融环境的大力支持
企业管理的三个阶段	1. 问题的解决 2. 现象的归纳 3. 数据的监控
企业领导者的财务理念	1. 要有森林般的视野 2. 要有关联度的分析 3. 导向性连接的能力 4. 系统性分解的思维

3.1 财务思维的实际运用

案例 3-1

渔业成本的管控——搞通财务出利润

从小岛走出来的一家渔业集团，迄今已经有了 50 年的发展历史。这家企业以水产品加工生产为主要经营项目，另有海珍品闻名全国。1972 年，美国总统尼克松访华，集团生产的国宴鲍被周恩来总理用来招待尼克松总统，这一段历史也成就了集团海珍品在中国外交史上的佳话。但是作为中国渔业的龙头企业，集团也有遇到难题的时候。

2005 年，我受邀作为管理顾问来到集团，我们从基础工作——成本管控着手。在集团上上下下的配合下，我们开始先培养统计员，设计统计表格，完善统计系统，将基础统计工作做到真实、快速、明确。为产品成本的正确定位奠定了基础工作，我们创造性地解决了如何对在制品（正在海里养殖的海产品）盘点的方式，如何进行投料管理与过程管理。这些基础工作使我们对产品成本有了重新的认识。而后我们在这个基础上拟出管理顾问方案，主要包括财务体系的整合，营运流程的梳理，组织架构的调整，人力资源与绩效的管理，公司战略的管理等。历时近两年，在集团全体人员的配合之下，咨询方案得到了有力的执行。集团的业绩得到了大幅上升，有力推动了集团的上市，并连续多年取得良好的业绩。

可见，企业取得业绩的大幅度成长是可以做到的，关键是领导者有没有决心和能力去做到。

案例 3-2

轮胎公司的利润困扰——发现利润的空间

这是一家从事轮胎生产的上市公司，行业毛利润很高，高达56%，但净利润并不高，仅为8%。利润到哪里去了？

经过分析发现，这家企业经营成本和管理成本过高，而高成本跟企业的组织结构和绩效管理息息相关，但这家企业的董事长还没有认识到这个问题，仍然要加强业务管理，这就是对利润空间没有做出正确的理解。因此，对于大多数的企业来说，如何认识利润空间很重要。

案例 3-3

低盈利的公司选择——利润提高一倍的秘密

假如有家企业的净利润是5%，企业上市后，净利润增加一倍达到10%，企业的毛利润是30%，成本占70%。如果我们要使利润提升一倍，那么这家企业应该从哪些方面去寻找提高利润的空间呢？

按照以往的经验，我相信多数的企业家都会选择从销售上去改善，也就是从30%的毛利率里去挖掘利润的空间，就是在这30%里，挤压出5%。这种方式对提高利润的贡献并不直接。

假如我们加强管理，从70%的成本里挖出5%的净利润，这对利润的贡献更有成效。这个道理看似简单，但实际中往往难以实施，而且这种方法在实际中遇到的阻力也最大。公司一旦选择了降低成本这条路，就会对管理的要求有所提高，使得整体管理的压力增大，也自然会造成整个管理层的反对与抵触。

画龙点睛

企业家应该像一位农夫，而不是一个猎手。

企业家应该像一位农夫，今天播种时就知道应该什么时候去收获，遇到了问题如何去解决，灾害来袭如何去防范。这里面一个最重要的道理就是教会我们如何去经营企业。选择什么样的利润空间，就决定了如何分配好自己的工作。做企业是一个过程，在这段时间里，如何让企业发展得精彩，管理企业的有效性是至关重要的，而利润空间就是有效性的产物。

因此，唯有正确运用财务思维，才会发现利润的空间。

3.2 什么阻碍了企业发展进程

3.2.1 企业发展的进程

在企业经营的过程中，我们总是希望企业生产的产品能够满足所有客户的需求，期望企业在发展的道路上一帆风顺。但在现实环境中，企业发展的道路不可能永远没有阻碍，如果满足了客户的所有需求，企业也就离倒闭不远了。当企业发展停滞不前的时候，是否应该以满足客户的所有需求为导向呢？发展的途径该如何选择呢？

凡是已经做大的企业，它们的发展进程大致可以分为四个阶段（见图 3-1）。

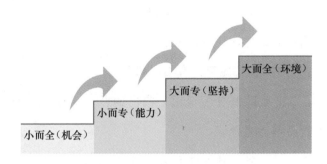

图 3-1　企业发展进程的四个阶段

1. "小而全"

这是普遍的中国企业创业开始时的情况，原因在于他们在不清楚自己做什么最擅长之前，完全是以机会为导向的，能做就做。但企业如果一直这样经营下去，就永远不会做大。这是因为，随着企业的扩大，组织成本不断提高，管理损耗日益加大。同时市场竞争加剧，成长空间与先发优势殆尽，企业就会开始走下坡路。这是目前很多企业面临的困境。

2. "小而专"

"小而专"的关键是聚焦，聚焦的关键是能力，这就要求很多企业在发展的道路上要学会放弃。

案例 3-4

做价值还是做成本？——自动门企业的价格战危机

有位企业家朋友跟我一起交流。他经营的是一家自动门生产制造企业，他在这个行业内已经做了 13 年，企业销售额一直在一亿元左右。近期，自动门行业陷入了价格战危机，他为此事烦恼不已。跟着打价格战，就得舍弃利润；不跟着打价格战，就得舍弃销售额。

我问他："你对自己的产品有信心吗？"

他答道："我可以很自信地说，我们的品质是中国最好的，而且可以跟国外的品牌去竞争。"

我笑着答道："那为什么不把产品拿出来秀一把呢？要达到一个强有力的竞争水平，就应该将自己产品的最高价值展现出来。"

我们经营企业的目的就是要生产一流的产品，赚取一流的利润，雇用一流的员工，发一流的工资，做一流的企业。在这个过程中最难的是放弃，因为我们发现国内很多五星级宾馆大多都会选择购买国外品牌的自动门，不会因价格便宜而选择国内产品。这就要求该企业先要放弃那些低端客户，如果遇到了讨价还价的客户，可以非常自信地告诉他们："喜欢便宜的，就去买劣等产品吧，我们卖的就是高品质！"

因此，我们在接受每一笔业务订单的时候，首先要明确一点：企业的客户是有限的，产品的数量也是有限的，我们可以通过预测它的有限性，对能赚到的钱做到心里有数。这就需要企业的经营一定做到有价值，要清楚明白企业经营的目的，到底是基于成本考虑还是基于价值考虑。

小而专的关键就是努力向自己的能力聚焦，放弃自己不擅长的。开始一味地追求销售额是创业初期的思路，但企业到了一定规模必须以价值为客户导向，结合积累的经验，形成在自己能力的基础上更具有长效的竞争力。

> 不要在价格上竞争，要在价值上竞争。为客户提供整体解决方案，而不仅仅是方案中你的那一部分。
>
> ——费丝·波普康

企业能力的聚焦意味着投入产出比的最大化，而不是简单的占有商业先机。"小而专"要求企业把擅长经营的项目坚定不移地做下去，从而发展到"大而专"。

每当有企业家朋友问我该如何去做一件事情的时候，我就对他说，这件事情的关键不在于如何去做，而是现在可不可以做。我们经常说，小人物不要干大事情，小企业同样如此。面对大市场的诱惑，我们必须考虑要不要放弃原来的小市场？在哪个市场中更容易获得成功？

3. "大而专"

案例 3-5

大型集团的懊悔莫及——由"全"到"专"的选择策略

我在一家大型集团做经营顾问。这个集团共有 3 000 家子公司，但 90% 的利润来自两家从事金融业务的企业：银行与证券。集团的领导人告诉我，他们很后悔，如果再回到 15 年前，当时的领导层能够像万科公司那样勇于舍弃，专门做强房地产和金融两大行业，该有多好。房地产行业的利润很高，但是需要很大的资金流，正好可以利用银行业所提供的庞大资金流来支持房地产的发展；而银行业也可以利用房地产经营赚取的高利润作为银行的后续支撑。如果当初选了这条路，整个集团在未来发展的就会非常好，就会成为最盈利的公司。但因为在决策之初，集团领导人总是感觉其所经营的子公司在各个行业的发展远景都不错，看看哪个都舍不得放手，才有了现在的懊悔莫及。

大而专是能力与资源的集中，是耐心与眼光的考验。

具体应该如何做呢？我们先来看一下什么是企业的成本和价值。在为企业打工的时候，假如老板的口袋里装着 100 元钱，作为员工的你直接去跟老板要 10 元钱的报酬，老板很可能会跟你讨价还价，希望给的更少一些；但如果你对老板说，我帮你多赚 100 元，在赚来的这 100 元中，请分给我 10 元钱作为报酬，老板肯定会欣然答应。前者的做法叫成本，后者的做法叫价值。同理，企业生存的关键就是要清楚到底要做成本经营型还是做价值经营型。

画龙点睛

最终世界上只有两种人，一种人是别人的成本，一种人是别人的价值。

企业走到"大而专"必须具备三种品质——坚持、耐心、拒绝诱惑。坚持从能力的聚焦做起，坚持从小做起，在持久的商业竞争中有效地制定各阶段的发展目标，进而实现"大而专"。

4. "大而全"

一个企业如果走到"大而全"的阶段，除了依靠大环境的需求外，更重要的是需要政府职能的转变，市场法制的健全，产业与金融环境的大力支持。在中国能做到"大而全"的公司，主要是国有企业，它们大多依靠国家的力量进行简单的产业合并而成。

"大而全"是企业最终能力的聚焦，是基于能力基础上提升企业价值的路径，也是我们为之奋斗的最终战略目标。

从全球的角度来看，唯有像美国 GE（通用电气）这样的企业才能成为"大而全"并具竞争力的企业集群。

3.2.2　企业管理的三个阶段

什么叫客户导向？什么是能力聚焦？什么是战略积淀？

只有弄清楚这三个问题，我们才能全面统筹企业未来的发展，才能顺畅打通企业的职能化管理，将企业的各个职能部门连接起来，而连接的关键就是领导者的财务思维，它是企业整体效益化的管理工具。企业管理主要由三个阶段组成（见图 3-2）。

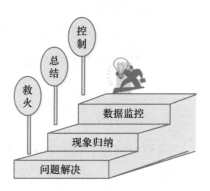

图 3-2　企业管理的三个阶段

1. 问题解决

在现实经营中，很多企业的领导者都缺乏用一种正确的财务视野管理企业。大多数老板都只会做事，他们认为管理企业就是维护好跟客户之间的关系，或者设计出很好的产品。企业如果仅仅靠这个理念去做管理，各种问题就会始终存在，而且还得不到最终的解决。

2. 现象归纳

企业的问题并不取决于问题存在的本身，而取决于问题背后所反映出的实质。一个经常迟到的人，跟他上班路途的远近无关，而是跟他的生活习惯有关。同样，有些企业做大以后，无法再上一层楼的原因就是：企业领导者的思维存在短板。经常学习的目的就是寻找与弥补思维的短板，这是企业领导者提升自我能力的关键。

画龙点睛

企业中90%的问题都是重复发生的，我们从不善于在总结中寻求解决方案。

3. 数据监控

我们对问题总结的次数，决定了企业未来成长的速度。总结的目的是控制问题，对问题进行数据化的监控，将90%反复发生的问题彻底解决掉。

3.3 如何做到有效的财务分析

一个好的管理理念会让企业领导者的知识结构更完善，这既是时代的要求，也是很多企业家在管理的道路上不走弯路的提示牌。中国企业的发展进程，决定了企业领导者无论最后成功与否，都应弥补这种管理思维的缺陷，杜绝再犯常识性的错误。

画龙点睛

沟通的前提是，彼此有共同的语言。

全世界的企业都在使用一种通用的商业语言——财务语言。对于企业来说，一定要运用好财务语言，用财务意识和财务收益去看待企业管理。对此，我总结出一个企业领导者做出正确的财务分析必须具备的财务理念（见图 3-3）。

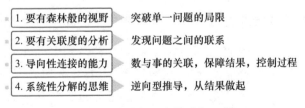

图 3-3 企业领导者的财务理念

3.3.1 要有森林般的视野

很多企业老板看到的会计数据和财务数据总是一个一个具体的数

字，这实际上还是会计思维，不是领导者思维。在此我要跟大家说明
的是，作为领导者在看
财务数据的时候，不能
只看到数据之间的结构
或者数字之间的逻辑关
系，关键要看到这个数
字背后隐含的意义。例
如，企业拥有 10 亿元
的总资产或是 1 亿元的
总资产都分别说明了什
么？因此，在分析财务
数据时能不能有整体的
视野观，这对做出分析
是很重要的。

企业的领导者要对
公司的整个经营状况有
一个大致的了解：企业
的净利润有多少？企业
的资产规模有多大？每
个阶段的营业额情况是
怎样的？企业在运营中
对现金的需求怎样？每

知识链接：财务分析的含义和意义

财务分析是根据企业财务报表等信息资料，采用专门的方法，系统分析和评价企业的财务状况、经营成果以及未来发展趋势的过程。

财务分析信息的需求者主要包括企业所有者、企业债权人、企业经营决策者和政府等。不同主体出于不同的利益考虑，对财务分析信息有着各自不同的要求。

企业所有者作为投资人，关心其资本保值和增值的状况，因此较为重视企业获利能力指标，主要进行企业盈利能力分析。

企业经营决策者必须对企业经营理财的各个方面，包括运营能力、偿债能力、获利能力及发展能力的全部信息予以详尽地了解和掌握，进行各方面的综合分析，并关注企业财务风险和经营风险。

个月的固定成本是多少？可变成本又是多少？所有这些在财务上都表现为企业经营的数据。通过对这些基本数据进行分析，就会对企业可能出现或已经出现的问题有一个整体的思考和把握。

拿图书出版业来说，该行业的毛利率并不低，但为什么有些企业还是赚不到钱呢？这是因为我们没有对成本进行细致的分析。图书出版的直接成本并不高，但它的间接成本有很多：仓储费、物流费、配送费、库存损失以及可能要发生的突如其来的损耗。这些都需要我们通过对基本数据的把握，去分析可能会出现的问题。

再拿美容院这个行业来说，该行业的毛利率也很高，但有些美容院的净利润并不高，并且规模也做不大。通过财务分析我们了解到其中的原因是，房租支出和美容顾问的提成是美容院经营中最大的成本项，还有部分可能是因为做广告，请明星代言的费用支出等，这些大的成本项目往往都是在一个经营周期的后期支付，如果老板看不到这一点，不能有效地控制前期的收支平衡，就会导致最后因缺钱而无力付款的尴尬局面。

画龙点睛

我们所处位置的高度，决定了看待问题的深度。

小职员看问题是在点上，领导者做决策是在面上。可见，看的面有多大很重要，而财务理念则会帮助领导者搭建一个更宽的思维平台。企业的各项财务指标往往是一个企业综合实力的反映，企业家会从对这些指标的分析上发现问题的所在。

森林般的视野很重要，它要求我们看问题不能是点的状态，不仅仅是发现问题的一两点，更需要对企业经营的整个环节进行扫描，发现隐藏在里面的所有问题（见图3-4）。

图3-4　看问题的点、线、面

3.3.2　要有关联度的分析

案例 3-6

企业真正发展的正确判断——数字的关联度分析

一位深圳的企业家朋友在一次见面会上很自豪地对我说："史老师，你看我的企业做得很不错吧！"我问他原因，他告诉我："今年公司的利润增长了20%！"我接着问道："企业的营业额和存货增长了多少？应收账款又增长了多少？"他愣了一下回答："营业额增长了2倍，存货增长了3倍，应收账款增长了4倍。"

从他的回答中我们可以发现，这家企业的利润增长是靠牺牲效率换来的，这也预示着企业的管理不到位。老板只看见了自己想看到的利润增长数字，并没有对企业管理的效率做出关联性分析。因此，当我们用财务理念去看待问题的时候，就会发现企业经营中存在的问题，并将与之相关的问题找出来，从而找到正确的分析思路和最佳的解决方案。

类似的例子在现实中比比皆是。比如用财务术语来讲，企业购进一批原材料，这时存货增加了，企业的现金就会相应地减少。企业卖出一批货，这时库存减少了，如果现金没有增加，那一定是应收账款增加了。产品实现了销售，开具了发票就要确认为营业收入。上述这些经济活动用专业的财务语言来表述就是，企业一项经济业务的发生必然遵循"有借必有贷，借贷必相等"的原则，这就是我们所说的关联度。

> 我们的收入越高，我们控制的资源越多，我们造成的浪费也越大。
>
> ——保罗·哈里森

数字之间是相关的，一位有财务理念的领导者会很快发现数字背后的问题。任何问题的产生都不是单一出现的，一定会连带着其他问题的产生，这就是财务分析的理念。

关联度分析是企业领导者应用财务分析理念的关键。因此，在查阅各类报表的时候，我们既要用财务理念看问题，同时也要做出关联度的分析。这就要求我们在看待问题时要非常敏感，通过一个数字的变化，立刻想到跟此项目有关的其他方面的变化。

一个领导者财务理念的建立，实际上是为了找到一个突破点，去解决与这个问题相关的其他问题。

3.3.3 导向性连接的能力

案例 3-7

开会的目的是什么？——思维的导向性连接

我为多家企业做管理顾问，经常在参加过各公司的管理会议之后，感到许多会议都是没有效率的，有时还会让人感觉很痛苦。开月度报告会的时候，老板往往是听一听下属们前个月都干了什么，再具体讲一讲下个月还要做什么。下属们在报告时也总是先讲做了什么事，描述一下业绩，再讲一番原因，试图努力表现自己已经尽力了，但有些事情还是没有做成。最后老板听到的是大家看似都在干活，却从不深究具体哪些事情还没有做完。每到此时，我在会上都会听得昏昏欲睡。这样的会议根本不是为了解决问题，而是在讲是非，讲责任。

这样往往会导致管理的低效率。企业的中层管理干部在汇报的时候大多是在撇清责任，讲述别的部门怎样不配合工作，一时间在会上吵吵嚷嚷。这时候老板就扮演了协调人的角色，这实际上是缺乏导向性的典型表现。

这种管理方法是低级的，实际上还处在管理的基本层面，根本不是一个领导者应该去做的。两个职能部门的交叉点既是企业管理的难点，也是管理的扯皮点和责任的模糊点。大家都在做事，但最终得出的不是结果，而是责任，出现这种现象的很大一部分原因是领导者缺乏财务管理的理念。老板应当以数字作为结果导向，以事情作为解决问题的途径，始终紧扣结果。

⋯⋯⋯

由此来看，企业家的管理可以分为三个层次（见图3-5）：最低的层次是做事；中间的层次是做人；最高的层次是做神。神是什么？神是理想愿景的创造者。当今大多中国企业的情况是：企业的成功都是一个疯子带着一群傻子做起来的，老板太能干了，这种能干表现在所

有的事情都让他做了，下属们只是充当了老板的手和脚。手和脚本身

并没有独立思考的能力，也没有独立为结果负责
的责任感。这一切都源于企业老板只喜欢管事而
不喜欢管人，喜欢控制过程而不在乎结果，这样
的理念就决定了下属即便有什么好的想法也没有
办法具体实施。

图 3-5　企业家管理
的三个层次

　　会计在面对财务数据的时候，往往考虑的是如何把数据做得更准
确，如何符合会计制度的要求；一个企业领导者在面对财务数据的时
候，要用财务理念去查找问题的来源，找寻解决的办法，并做出相应
的关联度分析，这是两种不同的思维方式。

　　企业的价值导向必须将"数字"放在前面。数字是什么？是结
果！是标准！一般我们在讲一件事情的时候，大家都能听懂，但在讲
到数字的时候，有些人就会反应不过来。数字和事情应该是联系在一
起的，它们之间的关联性就是导向性，也是我们学财务管理的关键。
因此，领导者的价值管理导向需要重新做出改变。这个改变首先要求
我们要有数字的观念，结果的衡量标准是数字，这就要求企业各部门
之间的沟通要讲数字，为结果负责应该是所有管理者的工作导向；数
字的呈现是结果，这恰恰是很多企业管理者不愿去面对的。

　　用结果来控制过程，用标准去明晰责任，只有这样领导者的导向
性才会更加清晰。只有导向性清晰了，才能够控制过程，保证结果。
因此，企业家在做决策时，不要只判断是非，而应该判断结果，永远
把数和事连起来去衡量。

3.3.4　系统性分解的思维

案例 3-8

大库存能有大盈利吗？——企业家的系统分析能力

有位企业家经营一家装饰板生产企业。当他看到家具行业有更高的利润率时，便认为自己经营的这一行营利性不好，想转做家具业。一天我专门来到他的公司考察，看到他把公司原来一个很大的篮球场改建成了仓库。走进车间，了解到该企业存货周期是两个月，而实际上的生产周期仅需要两天。

另有一位江苏泰州的企业家，经营一家汽车领域的密封圈生产企业。当他的企业销售额从 6 000 万元做到 12 000 万元的时候，他遇到了难题——企业的现金流断了。经过分析发现，该企业的生产营业周期由 3 个月变成了 4 个月，他给出的原因是客户要求将企业产品的交货期从 1 个月提前到 5 天，企业必须多备货，以应付客户的需求。

在做装饰板生产的企业中，问题的发生实际上是因为企业内部调配能力不佳导致盈利能力下降，并不是项目本身不赚钱，但这位企业家看不到这一点，总是用大量积压的库存来不断地扩充销售额，做大规模，但他没有意识到可以通过加快产品的周转速度来提高收益，根本不清楚到底是什么在影响着企业的盈利。

做密封圈生产经营的企业家缺乏对问题的预见性分析，用增加存货来预计销售量，结果导致了企业的现金流断裂。一个密封圈的生产实际上只需要两天的时间，但他却用了 4 个月，除去其中 1 个月的应收账款期，另外 3 个月是营业周期。从原材料到产成品将近 90 天的营业周期里，只有两天是有价值的，其他的劳动时间都不产生任何价值，这就是典型的缺乏财务经营思维的案例。这位企业家仅仅完成了最为简单的业务管理，只要有客户需求就开始生产，根本没有意识到财务指标的作用力，也不清楚企业盈利的出发点在哪里，更不用说从整体上把握、管理全局了。

系统性思维是什么？那就是一个具有财务理念的领导者，在考虑问题的时候，应该是由上往下把问题分解开去思考。比如说到核心问题——股东回报率是多少？就要找出它会受到哪些因素的影响，公司应该做些什么才能更好地实现它，这些都要求领导者必须有清晰的系统分解思路。

> 当你无法从一楼蹦到三楼时，不要忘记走楼梯。要记住伟大的成功往往不是一蹴而就的，必须学会分解你的目标，逐步实施。
>
> ——王海波

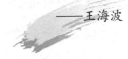

管理企业一定要善于利用财务指标的作用力，把整个企业的财务指标分解为各个部门的责任指标，再将其分解到各个岗位上。企业的发展实际上就是为了达成财务的各项指标而奋斗，因此，管理企业的关键就是将指标从上往下进行系统的分解，分解的关键就是管理者应该做的事，而不是正在做的事。领导者应该是逆向思维，从结果开始反向对管理进行分解。

画龙点睛

在管理上是不讲勤奋的，只讲求结果和后果。

基于这样的财务思维，并站在战略的角度去控制企业的问题就显得更为简单可行。因此，树立企业价值导向的关键就是建立财务的思维。这种系统化的思维，实际上是领导者财务理念的一个关键落脚点。

珠海拾贝，史老师财务语录

- 收入是经营的拉力，支出是管理的推力。
- 不能衡量的东西，一定是无法管理的。
- 领导者的思维是逆向思维，以结果为起点，逆行而上去分解！

本章结束语

现代的企业家需要把财务问题融入经营管理中。如何才能把财务思维和经营管理的问题连接起来？如何才能有一个很好的营业额？如何才能实现更高的利润、博取更多的现金？认识到这些问题后，我们如何建立正确的盈利衡量标准呢？首先，我们要学会用数字化的财务意识来做企业管理。要把一个企业做大，就必须要有财务理念和财务思维。今天世界500强的企业中，48%的CEO都是财务出身的；今天全球跨国公司的总裁都需要过的一个关，就是财务关。

作为领导者，我们需要建立一个理念：懂得市场需求，就可以找到企业开拓的契机。当企业家不懂财务的时候，就没有办法把企业做大或者做强。如今的中国企业，为什么会大量出现因频发财务危机而垮台的现象？在企业发展中，明明做大了为什么还是不够强？为什么小问题的发生会导致企业的瞬间倒塌？在事实分析的基础上，我们得出一个启示：一个具有财务理念的创业者能更快速地让企业保持稳健的发展，一个具有财务理念的总经理能更容易让企业保持利润，一个用财务打通企业管理的领导人更能让企业在做大的同时也做强！

　　面对越来越恶劣的企业竞争环境，今天的领导者更需要形成一个很好的财务理念，全视角地审视企业的竞争环境，结合企业内外能力，用有效的财务管理方式推动企业的良性发展。

第 4 章

于无声处听惊雷——从经营者的角度分析财务报表

📝 **案例导入：追加借贷，如何分析企业财务报表？**

小王是某银行的信贷业务员。当他拿到某公司 2009 年 12 月 31 日的资产负债表时，通过计算在理论上得出该企业的财务比率较好，认为该企业财务状况不错，可以放心追加贷款。但信贷部门主任却说："以时点数计算企业的财务比率存在一定问题，还应结合企业的经营活动实际做进一步分析。"

案例思考

1. 如果您是公司的总经理，企业申请贷款时，应注意财务报表的哪些方面呢？

2. 如果您是小王，该如何分析企业的财务报表才能判断企业最真实的情况呢？

一想到枯燥的会计数字，很多企业家就皱起眉头。一般人往往把财务报表想象成会计规则的产物，是一堆罗列的会计数字。但实际上，财务报表并不是死板的数字罗列，它是企业遵循行业伦理，执行有效管理，并与资本市场进行坦诚沟通的结果。

财务报表旨在以一种简洁的形式，对一家公司的财务状况和经营成果给予准确的描述和刻画。但财务报表反映的内容由于概括性高、专业性强，如果不能运用正确的方法对其做系统性分析，就难以对企业的财务情况做出整体评价和判断。

财务报表犹如名贵香水，只宜细细鉴赏，不可生吞活剥。

——亚伯拉罕·比尔拉夫

本章将教您如何解读财务报表、准确分析财务报表、洞悉数字背后隐藏的真正含义，借此来深入了解企业真实的经营状况。本章内容要点如表 4-1 所示。

表 4-1　本章内容要点

内　容	摘　要
企业两个市场的价值管理	1. 产品市场：市场业务管理；市场份额、品牌；产品及行业竞争力 2. 资本市场：财务价值管理；主营业务及营业利润增长率、净资产收益率、资产报酬率、每股收益
财务分析的整体思路	1. 要看大的方向 2. 正确地看待企业 3. 发现问题
企业的底气从哪里来	1. 企业的债务情况 2. 财产分配是不是合理 3. 要学会对比性分析

4.1 企业价值是如何形成的

» 提纲挈领，吊你胃口

有的人把企业当老婆养，这是我的不是你的。

有的人把企业当孩子养，养大了可以来养老。

有的人把企业当猪来养，这是我的利润来源。

史老师问你：你的企业，你把它当什么来养？

4.1.1 产品市场是基础，资本市场是动力

案例 4-1

百丽国际——产品市场积极开拓、资本市场长袖善舞

根据百丽国际的财务报表，以下为其在 2004～2009 年的主营业务收入及增长情况（见图 4-1），值得注意的是，2006 年百丽国际的增长率达到了 260.23%。

增长率达到 260.23%！在这一令人惊叹的数字背后，我们看到了百丽国际自 20 世纪 90 年代以来的努力和奋斗。

从已有的资料分析来看，百丽国际的管理层具有的特点：前瞻意识、定位清晰、步步为营、善假于物、领先一路。

自 1991 年开始，具有前瞻意识的公司高层开始着手建立品牌经营，但因受到政策的限制，只能通过和个体分销商签订独家分销的方式先做安排，领先同行业内其他企业率先建立销售渠道。

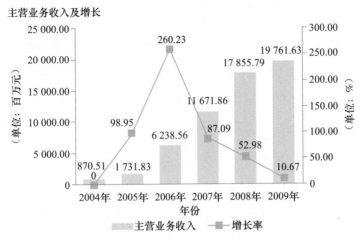

图 4-1　百丽国际 2004~2009 年的主营业务收入及增长情况

1995 年政策开放后，公司在销售渠道已经领先一步的基础上，进入快速成长期。通过资产重组，百丽拥有了鞋类和运动服饰零售的核心资产，这也为日后上市做好了准备。

2007 年企业成功上市，为下一步在产业内进行并购重组，继续塑造品牌效应、扩大销售渠道提供了资金保证。

百丽国际在产品市场、资本市场上两驾马车并驾齐驱，建立起鞋业的王国。

产品市场：定位清晰、品牌效应。

资本市场：步步为营、善假于物。

资产重组、引入 PE、进行多次并购，这些在上市之前在资本市场上所做的种种准备，无一不是为了企业品牌价值的提升，进一步服务于产品市场。

但在实际的市场运作中，很多企业家仅仅关注企业的市场份额、品牌、产品竞争力、行业竞争力等，这些都属于产品市场的范畴，是企业需要面对的市场问题之一。它主要在于强化对市场的业务管理，增强企业在市场中的竞争力，强化企业产品和市场之间的对接能力。

为什么如此多的企业仅仅考虑了这一方面？为什么在考虑这方面以后企业仍然没有做得很好？为什么股东的财富积累和企业都没有得到一个很好的发展呢？这是因为有这些问题的企业家没有注意到另外一个方面，那就是企业的财务表现，我们称为企业的资本市场。企业的财务表现是什么？是主营业务的增长率，是利润的增长情况，是净资产的收益率，是资产的报酬情况，是每股的收益。

如果一家企业仅仅考虑在产品市场上发展，那么这家企业就像一名失去了一条腿的人，这一定是跑不快的。但我们会经常看到企业家过分强调产品市场行为，其结果则表现为企业虽然有市场份额、有营业额，甚至有总利润，但是整体的盈利状态并不好。盈利状态的好坏就是企业在资本市场的表现。

> 有价值的定单是企业发展永恒的主题，企业要发展必须有定单而且是有价值的定单。
>
> ——张瑞敏

还以百丽为例，它先是独创批发的经营模式巧避政策限制，迅速领先同行占据市场；然后在此基础上迅速整合了原个体分销商的销售渠道，及时引进 PE 投资人助阵，完成了产业向资本市场的过渡，奠定了在产品市场上迅速扩张的基础。在上市不到 5 个月的时间里，百丽便凭借其在资本市场上的良好运作，相继收购了妙丽和森达两大品牌业务，摆脱了中国传统制造业的微利困境，成为真正的资本运作企业。

有人说，只有上市公司才需要考虑资本市场，小规模不上市的企业不需要考虑。然而事实并非如此，不上市的公司也有资本市场，它们的资本市场是由股东和债权人构成的，只有在资本市场中获得一个好的回报，企业的权益方才更有动力为企业做更大的资金支持。

由此可见，产品市场是支撑企业发展的基础，为资本市场提供盈利来源，而资本市场从产品市场获得来源以后，就有更大的动力去投资产品市场。这个时候产品市场和资本市场

> **知识链接：产品市场和资本市场**
>
> 产品市场：产品市场是实体市场，以真实的货物做标的。
>
> 资本市场：资本市场是长期资金市场，是指证券融资和经营一年以上的资金借贷和证券交易的场所，也称中长期资金市场。一般指股票市场。

就形成了一个企业的两个面，两者之间形成了很好的互补关系。因此企业一定要同时处理好这两个市场的价值管理，唯有如此，企业才会变成两条腿走路的人（见图4-2）。

一讲到资本市场，很多企业家都在问："资本市场是不是炒股啊？"其实不是，任何企业都有一个总资本，它代表着企业投了多少钱、借了多少钱、赚了多少钱，这些都是资本市场的范畴。在这个资

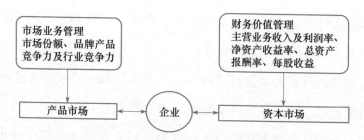

图 4-2　企业两个市场的价值管理

本市场里，我们应该关注财务的价值观；在财务的价值观里，企业家需要关心的应该是企业的主营业务收入、利润率、净资产收益率、总资产报酬率、每股收益等指标，因为这些才是企业创造的价值。

画龙点睛

　　产品市场是基础，资本市场是动力。

"企业创造的价值"，这句话应怎样去理解呢？

　　进行财务分析之前，企业家首先要清楚，企业会面对的两个市场——产品市场和资本市场，产品市场是企业利润来源的基础，资本市场为企业提供动力和投入。如今的企业经营，不管上市与否，作为企业的经营者，都将面对以下两个问题。

　　第一，产品是否能够为基础市场提供利润来源。

　　第二，对企业的股东，包括债权人（银行、经销商、供应商、政府、税务局、员工），能否衡量他们的投资回报率。

　　因此作为一家企业的经营者，要同时做好两件事情。

第一，产品能够在市场上产生利润。

第二，要让所有的股东获得持续的回报。

如果一家公司表面看起来很赚钱，但就是没有股东收益，在这种情况下要求股东再投资是很难实现的，这是很现实的问题。债权人也是如此，他们之所以会借钱给我们，不仅因为我们的信誉，而且还看中了企业未来能实现的投资收益。永远不要忘记一点，企业是利益的载体！

企业是同一利益的共同体，企业中所有的相关人员、团体都有同一个目的——利益！目光长远的老板和目光短浅的老板经营企业最大的差别就在于能否看透对利益的驱动。目光长远的老板赚钱很多，解决问题的时候总是说："没关系，用钱去解决！"这是做大事的风范。同一个问题，目光短浅的老板则会说："不行啊，要省钱！"这是对盈利的计较。这样的差距给我们的启示是，作为企业的老板，在做事之前首先应考虑：别人为什么要跟你合作？合作的基础是什么？这个基础就是因为你让别人有利可图！

产品市场需要强有力的竞争，而资本市场需要资本回报或债务的收益。因此，对一家企业经营的衡量标准不是销售额、利润率，而是产品市场和资本市场的结合——企业创造的价值。

画龙点睛

　　企业持续发展的关键是产品市场与资本市场的结合。

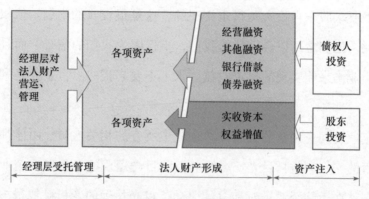

4.1.2　企业价值的形成

我们先来看一看，企业价值是怎样形成的（见图 4-3）。

图 4-3　企业价值的形成

首先我们来看企业资金的来源有哪些？

有两个来源是为我们所熟悉的，一个是来自股东投资，也就是企业的实收资本，这个资本经过历年财富的积累，形成了企业的利润或者叫作盈余；另一个来自债权人（一般情况下指银行）投资。除此之外还有企业间的相互借款、发行股票融资和渠道融资等资金来源。有些融资是需要付息的、是有成本的，例如银行贷款；有些则不需要付息，比方说占用供应商和客户的渠道融资。这些融入的资本无论是借来的，还是股东拥有的（股东之前的投资和新注入的投资），都构成了公司法人的财产。财产以各种方式存在于公司中，都被认为是占用的，占用的财产就形成了资产。

资产受托于企业的经理层团队管理，他们通过对资产的周转管理提升其盈利能力，如此反复，资产之间就形成了很好的循环和相互配合。这里需要我们注意的是，资产的注入者是债权人，资产的管理者是经理层，这两者之间构成了一个很好的支撑关系。举例来说，东家请来掌柜的替他经营店铺，掌柜的会跟东家说："巧妇难为无米之炊，你要先给我米呀。"说到这里我们就发现，东家给出的米就是企业的资产，其所有权并不属于掌柜的，他只是受托代为管理，用东家的米去换取更多的米。

注意：经理人是受托人，不是企业财产的拥有者和所有者，只是代管者。

有的经理人可能会这么想：既然资产不属于我所有，是不是只要管好这些东西不丢就可

知识链接：企业价值

金融经济学家为企业价值给出的定义是：企业的价值是该企业预期自由现金流量以其加权平均资本成本为贴现率折现的现值，它与企业的财务决策密切相关，体现了企业资金的时间价值、风险以及持续发展能力。

扩大到管理学领域，企业价值可定义为企业遵循价值规律，通过以价值为核心的管理，使所有与企业利益相关者（包括股东、债权人、管理者、普通员工、政府等）均能获得满意回报的能力。

显然，企业的价值越高，企业给予其利益相关者的回报能力就越高。而这个价值是可以通过其经济定义加以计量的。

以了呢？其实事实上并非如此，一个负有责任心的经理人会想方设法地为老板赚更多的资产。无论是东家、掌柜的，还是老板或是经理人的，都需要对企业资产做出相应的财务分析。那么财务分析的整体思路又是怎样的呢？（见图 4-4）

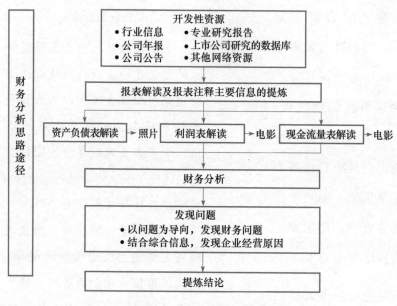

图 4-4 财务分析整体思路

第一步，要看大的方向。这个大方向包括企业所在行业的信息、整个公司的年报、公司公告等，我们把这些数据和资料叫作开放性资源。这种开放性资源的呈现是多元化的，比方说行业信息的专业研究报告，公司年报和上市公司研究的数据库，其他网络资源等。财务分析报告要建立在这些开放性资源基础之上，就需要收集很大层面上的相关资料，然后再往下分析和延伸。

案例 4-2

新企业的投入——了解整个行业的市场容量

东北的一位企业家要投资一家新的企业，专门生产汽车上的专用螺栓。他打算投资 2 亿元，于是前来向我询问是否可以放心投资？我问他："整个行业市场有多少份额？"他认真地进行了一番市场调查后跟我说："市场的总容量是 10 亿元。"我又问道："新企业投入可以有多少产值？"他回答说："有 6 亿元左右。"我接着问道："新企业的产品有什么特点，或者有多少成本优势？"他告诉我说："产品没有什么特别之处，但成本可以较其他企业低 5%。"他的回答令我非常担心，之后我们经过认真的讨论，让这个项目下马了，就此我帮他挽回了数亿元的损失。

有些企业家在向我请教管理经验的时候，第一句话经常会说，我的企业现在是怎样……每当听到这里，我都会反问他：你经营的企业所在的行业有多大？大多数前来咨询的企业家对我提出的这个问题大都讲不清楚，但现实要求我们对这个问题一定要搞清楚。这些开放性的信息和资源是需要我们去收集，去整理，去认知的。只有在分析了这些信息之后，我们才能进入下一步——看待企业！

在了解了整个行业的情况后，我们该如何看待企业呢？

第二步，正确地看待企业。资料分析延伸到企业内部，就形成了企业的各种管理报表。在此，我们主要讲财务报表的解读。财务报表做出来后，要跟同行的企业做信息对比，这就构成了企业的三张报表分析。

看待企业经营状况的好坏，关键要看三样东西：**一张照片、两部电影**。

一张照片是企业的资产负债表，它表达的结构关系是：

$$资产 = 负债 + 所有者权益$$

它表明了公司所有的资产要么是自己投资的，要么是借来的，等式两边永远是相等的，这也构成了企业的整体状态。这张照片对企业状态的描述是：它作为一个很重要的点，使我们从某一刻看到企业的状态后，可以很清楚地发现企业的整体轮廓。

一部电影是企业的利润表。利润表呈现的是：

$$利润 = 收入 - 支出$$

所有收入减去与之相关的成本，剩下的就是企业实现的利润。它表现了财富的状态：钱从哪里来，钱到哪里去，同时也表现了企业的经营成果。这部电影叙述了企业在一个时间段内的盈利情况。拿企业的月度利润表来说，表示的是企业从月初到月末这段时间内的资金流动状况。

另一部电影是现金流量表。

企业赚钱了是不是就意味着有钱了呢？钱即是现金，在财务上用一张现金流量表就可以将企业资金的来源和运用表现出来。它表现的状态是：企业本期内剩余的钱数，应该是上个月留下的钱加上这个月赚进来的钱，再减掉本月花出去的钱。钱的流动性就在这张表上直观地体现出来了。

　　要想正确地分析企业的财务报表，就一定要清楚这三张财务报表之间的关系（见图 4-5）。资产负债表是一个时间点上的照片，年初一张，年末一张；中间内容的表达依靠两部电影：一份利润表，一份现金流量表。一张照片分两边（期初和期末），两部电影放中间，显示了企业整体价值创造的过程和结果。这三者之间结合比对，就形成了管理者的财务分析。

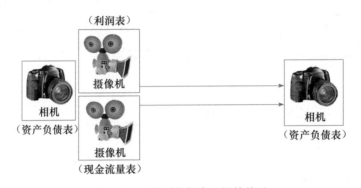

图 4-5　三张财务报表之间的关系

　　第三步，发现问题。从内部管理的角度来讲，财务分析的根本目的是为了解决管理经营的问题；从股东投资的角度来讲，财务分析有助于提高企业经营的质量和股东的回报；从债权人的角度来讲，财务分析便于发现企业经营的风险及保障的能力。不同的人看报表的角度不一样，得出的结论不同，但他们都建立在同一个模板之上，这个统一模板的基础就是财务分析的整体思路。

　　通过财务报表中透露出来的信息，比如数额、比率、变化率等指标，发现企业经营的变化趋势，分析可能出现或已经出现的问题，然后反推回去，将这种变化趋势运用到企业的具体经营活动中，可以从根本上找到解决问题的方法，这就是企业经营分析的整体思路。

⭐ **珠海拾贝，史老师财务语录**

- ❑ 产品市场是基础拉力，资本市场是动力推力。
- ❑ 企业衡量的标准，在于产品市场和资本市场的结合——企业创造的价值。
- ❑ 通过财务报表中透露出来的信息，比如数额、比率、变化率等指标，发现企业经营的变化趋势，分析可能出现或已经出现的问题，然后反推回去，将这种变化趋势指导运用到企业的具体经营活动中，可以从根本上找到解决问题的方法，这就是企业经营分析的整体思路。

4.2 企业的底气从哪里来

案例 4-3

耐克与阿迪达斯的财务数据——资产负债率的比较

我们来看看耐克和阿迪达斯这对老冤家的资产负债比率的变化情况（见图 4-6、图 4-7）。

总体来看，它们的资产负债比率都是越来越小的，趋势是相同的，但无论是哪一年，阿迪达斯的资产负债比率总是远远高于耐克公司，这到底说明了什么呢？

阿迪达斯的资产负债比率高于耐克公司，2001 年更是高达 42.22%。资产的一半来源于债务，公司经营风险很大。2009 年降到了 19.91%。

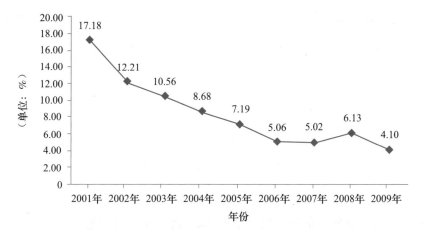

图 4-6　耐克 2001~2009 年资产负债比率的变化情况

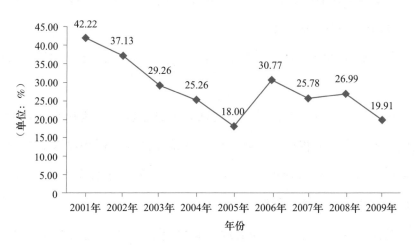

图 4-7　阿迪达斯 2001~2009 年资产负债比率的变化情况

从耐克公司的资产负债比率来分析，17.18%的比例说明 2001 年耐克公司处于举债经营期，企业利用了一部分的债权人的资本进行经营活动。一旦出现经营不善的情况，有可能发生资不抵债的危机，这个时候就很难再借到贷款了。相比之下，2009 年 4.10%的比例则说明企业拥有大量的自有资金，偿债能力有了充足的保障，但另一方面也说明了企业利用债权人的资本进行经营活动的能力较差，企业经营过于保守。

••

资产负债表描述在某一特定时点上，企业的资产、负债及所有者权益三者之间的关系。简单来说，资产负债表是建立在以下恒等关系式的基础上：资产＝负债+所有者权益。这个恒等关系式要求企业同时掌握资金的来源（负债、所有者权益）以及资金的用途（如何将筹集来的资金分配到各种资产上）。严格来说，资产负债表是了解企业财务结构最重要的利器。

对企业经营中关键问题的描述，就体现在这张照片——资产负债表上。

首先，资产负债表表明了公司拥有多少总资产。这好比看一个人的照片，这个人的相貌、身高等信息统统在照片上展现出来。总资产的来源是由两部分构成的：一部分是负债，另一部分是所有者权益。它们也构成了企业的所有财产。

其次，它表示了一个点上的企业状态，即企业在具体某个时刻的经营情况。前文讲到，东家让掌柜的去代管店铺，掌柜的跟东家拿过米，看了看要完成的任务，权衡之下觉得米不够用，想方设法另外借了一些。这个时候就出现了一个问题，掌柜的借米，是以自己的名义借，还是以东家的名义借呢？因为借更多的米需要用东家的财产来做抵押，因此肯定要以东家的名义借，这就要求掌柜的为人要本分，否则，他会把东家的米和借来的米都变成自己的米，那肯定是不行的。

那么东家如何看待掌柜的经营管理呢？总结一下，大致可以从借债情况、财产分配、对比分析这三个方面来衡量。

4.2.1　企业的债务情况

1. 借钱要有度，权益有保护

案例 4-4

米高梅公司——高负债引发的破产

近期有关米高梅的破产消息成为企业家口中的热门谈资。这个拥有 86 年历史的美国电影产业巨头，因债务方面的高额压力，不得不申请破产保护。这个曾经制作了无数电影神话和塑造了无数经典荧幕形象的雄狮企业的倒塌，令不少人唏嘘不已。

我们通过各大媒体了解到，几年前米高梅的贷款额度就已经达到了 37 亿美元，每年因贷款需要支付的利息就高达 3 亿美元，而当时在米高梅的银行账户上的资金仅为 2.5 亿美元。一心想依靠大制作大影片赚票房的米高梅，最终因无力偿债走下了高贵的舞台。

米高梅的破产再次给我们敲响了警钟——没有谁是长盛不衰的。

电影行业前期所需的投入很大，因此可以通过举债的方式获得资金来启动项目，但借款时要考虑好企业未来的收益。如能达成预期收益，当然可以根据需求去借款；如果对未来的收益不明确，就要考虑企业能不能负担高额的借款和由此带来的高额利息支出。在资不抵债的情况下，仍然持续增多负债的行为无疑相当于自杀。因此，企业的借款期和借款额要跟企业未来实现的收益相匹配，形成一个相互支持的融资体系。

这就是需要东家注意的第一个方面：借米的额度。

不要借钱给别人，也不要向别人借钱；借钱给别人会让你人财两失，向别人借钱会让你挥霍无度。

——莎士比亚

知识链接：负债的分类

负债按流动性分类，可分为流动负债和非流动负债。

流动负债又可以分为：短期借款、应付票据、应付及预收款项、应付职工薪酬、应交税费、应付利息。

非流通负债又可以分为：长期借款、应付债券、长期应付款。

案例 4-5

电影里的故事——一笔经济账

小时候看过一部电影，说的是贫穷的农民甲去跟财主乙借钱，乙看到借款数额很大，就要求甲拿自己的女儿丙做抵押，如果到期不能还款就要求丙到乙家去当丫鬟来偿还债务。结局是甲借钱还不起，乙要求赔偿丙，丙逃进了山里。生活在山里的丙由于长久的营养不良，导致她虽然年纪轻轻，但她的头发都变白了。从今天的市场分析来看，甲在借钱的时候就应该想好，到底借多少钱才够用？借款前要规划好资金的使用，借来之后还要好好加以利用，不然最后就会把抵押物——丙赔掉了。乙上门逼债的时候就不好过了，而他还会动用法律的武器逼甲还钱。注意，在这一点上，法律是强烈保护债权人权益的。

但是，企业的壮大过程是需要借款的，如果企业能赚钱，当需要增加资金的投入去赚更多的时候，与其要求股东增加权益资金的投入，不如去跟银行借款。多年管理的经验告诉我们，股东的每 1 元钱，比企业的 1 元钱更值钱！

画龙点睛

企业的借款利息率只要低于资本的盈利率，就可以通过借款来提高股东回报率，但同时必须能够控制财务风险。

为什么这么说呢？

企业用赚来的钱分发盈利的时候，通常会分成两部分：一部分归还给债权人，剩下的给股东分红。假如在企业经营过程中我们借了钱，有 50% 是借债权人的，另 50% 是股东投入的。企业运用这些资金赚了 200%，那么在赚的钱里只有 50% 要归还债权人，剩下的 150% 全是股东的。虽然投入之初债权人和股东的资产各占一半，但债权人只分到了小部分的收益，剩下的全都给了股东。因此，只要企业是赚钱的，股东的 1 元钱就比企业的 1 元钱收益更多，因为他不仅赚了自己的钱，还赚了债权人的剩余价值。这样看来，股东一定比别人赚得多！尽管如此，企业仍要控制好资产负债比率，在享受高额盈利的同时，股东和债权人也共同承担着相同比例的经营风险。

案例 4-6

创维集团——企业财产非法转移侵权案

创维数码前主席黄宏生和其弟黄培升，于 2006 年被香港特区区域法院裁定串谋盗窃及串谋诈骗等多项罪名成立，两人被判监禁。

有资料显示，黄宏生兄弟在 2000～2004 年，将创维公司合计约5 100 万港元的款项假借以顾问费及现金形式存入他人户头，再转入其个人和母亲的户头，两人在 2004 年 11 月被香港廉政公署逮捕。

作为创维的创始人，仍持有创维 33.45% 股权的黄宏生曾经表示："经过这么多事情，我终于想通了一个道理，企业小的时候钱 100% 都是自己的；企业大了以后，一切都是社会的。对这个社会资源，我只不过有决策权，而使用权和所有权并不完全属于我。"

这里黄宏生仅仅是在个人认识上的提高，当今很多的企业家都曾有意无意地从公司带一些财产回家，他们认为这些是我的，连公司都是我的，没有什么大不了的。但实际上老板把资产转移走了，一旦公司清盘的时候就拿不出钱来去还债权人，这属于非经营性转移财产。黄宏生最终就是因他的行为侵害了债权人的利益而被判刑，这对今天中国的所有企业家都很有借鉴意义。

我们现在大部分公司的经营形式是有限责任公司，而有限责任股东的个人利益得到了保护，公司经营出现困境，赔偿责任仅限定于注册资金，这样债权人也要承担企业的经营风险。延伸出的法律问题有以下几点。

第一，公司财产的共同所有。当你和太太两个人一起创立并注册了一家公司，你会认为所有的财产都是你的吗？如果你的答案是肯定的，那就大错特错了！公司不可能没有负债。公司一定跟供应商有货物交易，供应商的钱没有及时给付，这就是负债，我们称其为应付账款；企业的员工先工作后拿工资，这就出现了应付工资，或者叫作应付员工薪酬；企业先经营后交税，就一定会在国家税务部门欠税，就出现了应付税款等。企业一旦经营便会产生负债，也就会出现债权人，而所有的债权人与股东共同拥有对资产的所有权。因此，公司的资产不仅仅属于股东。

第二，债权人比股东更优先拥有资产的分配权。当然它是固定的，（债务金额与利息）也不会要得很多；股东拥有的是剩下所有的，即股东对剩余资产的所有权。目前，大多企业家经营的公司都是有限责任公司，根据《公司法》的相关规定，当公司的资产不足以抵偿公司所欠的债务时，有限责任公司的股东责任仅限于股东各自的出资额，而在经营过程中产生的风险实际上是由债权人和股东共同承担的。假如有些公司的股东"很差钱"，想把公司的钱吞掉，把总资产掏空，这就会使债权人得不到相应的权益。因此，《公司法》中同时也规定了有限责任公司的资产不能被股东随意转移。因为任何非经营上的资产移动都视同为对债权人利益的侵害，法律要保护债权人的利益。

因此，公司能赚钱就不应该怕分钱。如果一定能赚到钱，就可以通过借款去弥补一时的资金短缺，获利后只需把借款和利息还清，剩余的钱都是自己的。

2. 融资来源和融资结构

企业所拥有的资金都来自哪些方面呢？

假如一家企业有 100 万元的资产，其中 70% 是股东拿来的，30% 是从银行借入的，此时企业的资产结构相对来说较为稳健。这里涉及两个资金来源：股东投入和银行借款。但借款也有长期和短期之分，长期借款可以在一个较长的时间内使用，甚至可以用于企业的固定资产积累；而短期借款，借期为一个月、三个月、一年以内的，融资来源可能不一样。

很多企业家认为欠钱不还是最好的，这将使企业的资产增加。但我们发现，企业不赚钱不一定会倒闭，一个企业的倒闭常常是因为拿不出钱来还债而被债主逼死的。在经营过程中有些企业家对此风险意识不够重视，使企业一旦在经营上出现问题就难以抵抗，导致短期内轰然倒下的结局，这一点在爱多VCD的经营管理中表现得尤为明显。

案例 4-7

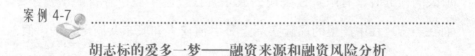

胡志标的爱多一梦——融资来源和融资风险分析

"爱多VCD"的创始人胡志标对家电有一种天然的爱好，从小就以组装半导体为乐。他后来积累了一些原始资本，并于 1995 年成立了广东中山爱多电器公司，主营 VCD 项目，仅仅花了 6 个月的时间产品销售范围就覆盖了广东全境。

在完成了全国的推广之后，爱多的销售额也开始骤增，赫然出现在中国电子 50 强的排行榜上。随着爱多的超常规成长，如何巩固已有的市场份额，寻找新的增长空间，成为摆在胡志标和他的团队面前的难题。

在快速发展的模式下，由于资金的极度缺乏，胡志标走了最为"霸道"的一步棋，就是要求所有的经销商都"现款现货，款到发货"。但由于爱多 VCD 在商场上的畅销，尽管很多供销商嘴上有意见，却都老老实实地交钱了。

1996 年，VCD 市场开展了一场惨烈的降价大战，爱多也隐隐受到了此次寒流的影响。1999 年 3 月，胡志标的合伙人在报纸上发表了一篇律师声明，要求胡志标辞职或者退还他的股本金。这次事件很快在企业界传开，大家知道爱多出了事，本来就被爱多拖欠货款搞得心神不宁的供应商，一下子全部爆发出来，纷纷要求爱多还清欠款，爱多的资金流断了。

当年胡志标拥有的钱很少，但是他一手拿着经销商的预收货款，一手欠着供应商的应付账款，利用别人的钱在周转，甚至当年还有很多人吹捧他这种"空麻袋背米"的经营模式。但 VCD 产业一旦出现销售不好的局面，整个企业就马上倒闭了。

事情的本身就是一把双刃剑，重要的是如何防范它不好的一面。

我们经常看到很多人因为在成功的道路上多走了一步就失败了，也有很多人在失败的道路上又摔了第二跤，再次失败了。爱多VCD的老板胡志标，在失败后又开始了新的经营。他借助2006年贺岁影片《夜宴》的品牌炒了一把，成立了一家灯具公司，名为"彩宴"。继与电影《夜宴》首映礼同期广告后，彩宴迅速借势铺开了一场声势浩大的广告攻势。急于做大的胡志标，发出了大批招募行业精英的招聘启事，短短半年内，彩宴的员工队伍就已扩大到了近500人。市场和人员的迅速扩张，使公司在获得大量订单的同时，成本支出也急剧膨胀，仅每月员工的工资一项就达到了70多万元。在他错误的领导下，彩宴最终出现了资金周转不灵的局面，造成了经销商要货、供应商要款、员工要薪水等重重债务危机，他又失败了。由此我们可以得出一个结论，成功是很容易的，但在成功的道路上多走一步就是失败的，最可怕的是你总是在原地摔跤。胡志标的案例正好说明了企业的这种经营风险。

正如我前文所讲，电影中的甲去向乙借钱，借来的钱是用来买种子还是盖房子呢？若借钱的目的是拿钱盖房子，乙就不会同意借钱；但假如是要用钱买种子，借来的钱在一个季节结束后有了收益，再连本带息还给乙，乙就会喜出望外。因此，拿着借的钱去做任何一件事，这件事最终将变成企业的资产，资产和融资是对应的。对于股东投入的相对稳定的资金，企业可以用来做一些长线投资，但如果是短期融资的钱，企业就要权衡去做短期的事情。

债务是一种有害的良心。

——托马斯·富勒

很多企业家经常因把握不好资产和融资之间的对应关系而犯错，甚至拿短期借款去做长期的投资，此时必将出现前面所讲到的经营风险。

4.2.2　财产分配是不是合理

相信大家还记得 2009 年央视春晚上几句关于钱的经典对话。

"你知道人生最悲哀的是什么吗？就是人死了，可是钱没花完！"

"你知道人生最最痛苦的是什么吗？就是人还活着呢，钱没了！"

很多人看后哈哈一笑，并未做深入思考，但是这两句话却道出了钱最基本的功能博弈——"花出去"和"存起来"。那么，如何让花出去的钱得到合理利用？如何进行企业财富的合理分配呢？

身为老板在看企业的资产负债表时，首先要看资产分配的合理程度。

企业的资产分为两部分：一部分是流动的，并保持跑来跑去的状态，叫作流动资产；另一部分是固定的，保持趴在一边不动的状态，叫作固定资产。注意，企业有很多资产，但在诸多资产里面欠别人的那一部分要减掉，别人欠我们的要加上。

关于财产分布的合理程度需要考虑两大问题。

1. 你的财产要如何安排

案例 4-8

衬衫生产企业——同行之间的财产分配差异

浙江义乌有一家生产衬衫的企业，它属于传统的制造业生产模式，产品由自己生产并拿到市场上去销售。

上海也有一家生产衬衫的企业，但它的产品并不是由自己生产，而是外包式制造，这家企业将生产业务委托给外部的专业制造公司去做，自己则主营产品的市场销售业务。

这两家企业虽然是同行（见表4-2），但是由于它们企业的经营方式不同导致了资产关系不同，这也体现了企业管理的效率和管理用

表4-2　两家衬衫生产企业比较

地址	制造方式	资产比例
浙江义乌	传统型	↑
上海	外包式	↓

工度的重点不同。资产的情况会在资产负债表上呈现出来，这将便于我们从中发现更多的管理问题。

浙江这家企业的年销售额虽然有 2 亿元，但资产规模过大；上海这家企业虽有很少的固定资产，但其年销售额有 15 亿元。因此，我们要看企业的财产分配是不是能够配合企业的盈利。

财产如何安排，首先会影响到企业如何去经营，如何去赚钱，进而影响到企业的盈利水平；其次会影响到企业的负债安全。顺着我们刚才举的例子，甲借了乙的钱，并把它们变成自己家的财产，如果借来的钱用于盖房子，乙来讨债，没钱还的时候日子就举步维艰了；但是如果用借来的钱去买米，乙来讨债，没钱的时候大不了把米卖掉，将米的价值变现来还钱。由此我们得出，流动性强的资产更容易变现。借来的钱最好不要或者较少用来投资到固定资产上，特别是短期借款更加不要用在长期固定资产的投资上。

画龙点睛

流动资产容易变现，固定资产盈利需要长远，如何配比
需要配合负债的安排。

资产负债表所呈现的是，公司的资产规模和各项资产之间所占的
比例。

首先，资产的规模是一家企业拥有整体资产量的多少，这个时候
它表现出了这家企业的规模大小，企业大资产规模就大，企业小资产
规模也小。

其次，资产包含各个类别，比如固定资产和流动资产。流动资产
里又包含存货、应收账款、现金等，企业的性质不同就决定了每种资
产在企业间所占的比例不同。拿制造业和服务业来说，制造业的大多
数企业因为经营的需要，在厂房和设备等固定资产上的投入规模都比
较大，但服务业企业经营所需资产投入的可能性会比较小，该行业的
主要经营是靠销售服务实现的，因营业需要所租赁的房屋不属于企业
的固定资产。再比方说贸易型公司，它们的固定资产相对来说会更少，
但诸如货物、现金等流动资产所占的比例会很大。

2. 资产结构和盈利模式

案例 4-9

酒店老板的困惑——资产结构与盈利模式

有一次我到山东某个地级市做巡回演讲，政府有关单位同志请我

到当地一家大酒店吃饭。席间，这家大酒店的老板跑来向我问道："史老师，你看我的这家大酒店生意很好，尤其是餐饮业做得非常火，客人络绎不绝，但为什么还总感觉不赚钱呢？"我笑着告诉他："就是因为你的餐饮业做得太火了，酒店的入住率降低了，而你最大的成本支出就是酒店的入住率问题。"

这家酒店一共有 20 多层楼，它的主要成本应该是固定资产的耗用，要想提高酒店的营业额就要想方设法地提高资产的利用率，这需要提高酒店客房的入住率。正如老板所说，这家酒店的餐饮业经营得非常火爆，来回进出的客人很多。客房下面时有乱七八糟的嘈杂声，试问，有谁愿意入住这样的酒店呢？食客与旅客是两个不同的客户群体，旅客们都希望找一个安全安静的地方好好休息，酒店是为客人提供休息的场所，不应该变成娱乐场所。他把餐饮生意做火了，虽然也赚到了钱，但却使整个酒店 20 多层楼的客房闲置率提高了，这是他的失败之处。

类似酒店这样固定资产占很大比例的企业，最应该考虑的就是如何提高资产的利用率。因此，一个不懂财务理念的领导者，只会在错误的道路上勤奋地工作。

说到这里，有的企业家也许会问，如果是流动资产占很大比例的企业经营呢？流动资产跟经营模式有关联吗？

案例 4-10

钢材贸易企业的扩张——经营模式与周转率

山东潍坊的一位企业家朋友是做钢材贸易生意的，每天都有大量货物从企业里进进出出。但由于该行业的毛利率很低，他所能赚到的并不多。有一天他找到我并告诉我，他想要扩大经营，因而想征求我的意见。

我问道："你打算如何去做？"

他答道："我想在全省各地设立代理商。"

我对他说："这种做法是错误的。这只会增加你的成本投入，它所带来的营业额并不能增加企业的利润。"

如果我们按钢材行业毛利率 1% 来计算的话，设立一个办事处最少也要花费 50 万元，50 万元的支出意味着要有相应的 5 000 万元的营业收入。大家都知道 50 万元的开支在创办公司的过程中很容易被花掉，但 5 000 万元的营业额并不一定能实现。当我们看到有 50 万元支出的时候，就应该想清楚营业额从哪里来？

企业的营业贡献和企业本身的经营模式相关，这位企业家需要改变的应该是企业的经营模式，利用新的经营模式来提高货物的周转率，而不是增加新的代理点。

企业对其拥有的资产采取什么样的资产结构，都会影响到企业的盈利模式。而企业所采用的盈利模式，需要配比成为符合此模式经营的资产，即企业的资产结构会影响到成本，成本会影响到企业的营业贡献。因此，我们需要把握好资产权益和企业营业贡献之间的关系。

画龙点睛

　　领导者对企业任何将要发生的支出，都要找到其收入的来源。

4.2.3　要学会对比性分析

　　我们把资产负债表看作是一个时间点上反映企业经营状态的照片。说到照片，大家都知道当青年男女谈恋爱的时候，男女之间先要通过一个媒介来传递照片，等照片拿到手看完以后再决定要不要见面。如果照片上的模样双方都没有相中，那肯定就没有下文了，所以照片很关键。

　　但是看照片也存在一定的缺陷。大家也知道，拍照之前一般人会先理理发、梳梳头、整理一下衣服，为的是留下一个好的影像。跟这个程序相仿的是，有些企业在拍这张照片之前，也就是在一个会计年度结束之时，事先也要梳洗打扮一番，或者清理库存，或者加紧收款，当然也有平日里业绩不好的企业，到了年底拼命地开发票，放大企业的营业额。

　　因此，照片的好处是能够呈现一个大体的状态。照片里所呈现的资产，代表着企业以前拥有的、创造价值的经济资源。企业家在看资产负债表时也会注意到这个问题，这张企业的照片可以决定企业的一生，这也是为什么很多要上市的公司在临上市时——拍照之前要梳妆打扮，争取为看照片的人留下最好的印象。

年关将近，也是老板对经理人的业绩进行考察的重要时刻。作为一名职业经理人，当然希望有一个好的表现，把财务上该收的钱收了，把欠别人的钱赶紧还了。但有的经理人到了年底准备拍照片的时候，突然发现销售额太低了，怎么办？于是，经理人就开始忙了，不过不是忙着做经营，而是忙着做掩饰，想尽一切可以利用的关系多出货，或把发票开出去，把钱挂在账面上，让营业额显得更好看。

看照片的方法有很多种，其中很重要的一个方法就是对比着看。假如我们想确认一个人的身高，他的身旁恰好有张桌子，一般桌子的高度是 85 厘米，只要我们看到桌子的高度还不及这个人一半的身高，就会觉得此人还是很高的。但如果旁边没有参照物，即便他很高，也没有办法去衡量（见图 4-8）。

同理，企业家在看照片时也要有参照物做对比，这就叫对比性分析。比如我们要看企业的总资产，想知道自己的企业到底处在行业内的什么位置，就可以跟其他企业的

图 4-8　参照物对比分析图

总资产做比较；要看企业的存货情况，可以跟其他企业的营业收入做比较；要看利润，可以去跟其他企业的现金流、现金结存量做对比。

在对比中，才能发现自己的优势和不足，才能让企业在以后发展道路上的每一步走得更踏实。

画龙点睛

数字唯有在比较中才能发现它的真正意义。

案例 4-11

七匹狼的财务报表分析——负债与资产的关系

我们来看七匹狼 2007 年年末资产负债表（见表 4-3）。从资产负债表中我们首先能够看到，七匹狼当年的资产总计约为 14.55 亿元。在资产总计中，股东投入的股东权益和所有者权益各占多少呢？通过简单地计算得出总资产中有 74% 的股东权益和 26% 的负债。

26% 的负债说明该企业的经营比较稳健，企业运营所需的大部分资金来自股东投入。七匹狼是服装经营企业，它不属于垄断型行业，在这种经营环境下，企业借钱必须要谨慎，这也是七匹狼公司股东权益比例较大的一个原因。

看过七匹狼的负债分析，接下来看其资产情况。通过对七匹狼报表上的固定资产、流动资产数据分析我们发现，该企业流动资产所占比例很大，而在流动资产里，货币资金又占了很大的比例。七匹狼作为一家生产型企业，它的固定资产很少，大部分的投入都在流动资产上，这说明资本密集度低。由此可以得出一个结论，七匹狼的成本主

表 4-3　七匹狼 2007 年年末资产负债表

（单位：元）

资产	年末余额	年初余额	负债及所有者权益	年末余额	年初余额
流动资产：			流动负债：		
货币资金	708 864 452.38	89 907 602.89	短期借款	—	46 000 000.00
应收票据	265 100.00	500 000.00	应付短期债券	—	—
应收账款	44 511 096.88	29 953 734.01	应付票据	38 350 000.00	—
其他应收款	10 171 126.80	2 966 637.92	应付账款	56 459 385.84	12 854 911.97
减：环账准备	—	—	预收账款	263 320 951.95	114 504 179.96
应收款项净额	—	—	内部应付款	—	—
预付账款	110 087 764.84	84 053 798.82	代销商品款	—	—
存货	303 585 010.42	156 394 860.05	应付工资	15 476 469.34	21 346 525.11
减：存货跌价准备	—	—	应交税金	1 375 602.22	5 189 246.31
存货净额	—	—	其他应付款	7 885 956.00	6 816 829.90
待摊费用	—	—	预提费用	—	—
一年内到期的长期债权投资	1 315 904.74	—	一年内到期的长期负债	—	—
流动资产合计	1 178 800 456.06	363 776 633.69	流动负债合计	382 868 365.35	206 711 693.25
长期投资			长期负债		
长期股权投资	2 185 015.27		长期借款	—	—
投资性房地产	66 964 618.10	14 993 021.90	长期应付款	—	—
长期投资合计	69 149 633.37	14 993 021.90	负债合计	382 868 365.35	206 711 693.25

（续）

资产	年末余额	年初余额	负债及所有者权益	年末余额	年初余额
固定资产：			股东权益：		
固定资产原价	—	—	股本	188 600 000.00	110 500 000.00
减：累计折旧	141 754 874.89	170 069 270.11	减：已归还投资	—	—
固定资产净额	2 644 542.60	8 915 697.60	股本净额	—	—
在建工程	—	—	资本公积	647 218 778.03	129 757 729.98
待处理固定资产净损失	—	—	盈余公积	37 831 657.56	32 308 389.48
固定资产合计	144 399 417.49	178 984 967.71	未分配利润	164 299 828.91	92 176 600.66
无形资产及其他资产：			其中：拟分配现金股利	—	11 050 000.00
无形资产	10 909 904.76	11 149 621.08	外币报表折算差额	—	—
递延资产	—	—	归属于母公司所有者权益合计	1 037 950 264.50	364 742 720.12
长期待摊费用	45 628 764.88	11 973 468.60	未确认的投资损失	—	—
无形资产及其他资产合计	56 538 669.64	23 123 089.68	少数股东权益	34 598 791.05	12 070 469.87
递延税款借项	6 529 244.34	2 647 170.26	所有者权益合计（包括少数股东权益）	1 072 549 055.55	376 813 189.99
资产总计	1 455 417 420.90	583 524 883.24	负债和股东权益总计	1 455 417 420.90	583 524 883.24

资料来源：七匹狼 2007 年年度报告。

要是直接成本，也就是产品成本以原材料和人工的直接成本为主。

同时，从资产负债表上我们还可以判断一家企业是否有投机行为，这一点可以从这家企业有没有长期股权投资和投资性房地产来进行判断。

接下来通过对应收账款和应付账款的数据对比，我们发现应付账款往往需要应收账款来支撑。通过应付账款和现金余额做对比我们发现，应付账款少于现金结余，说明这家公司经营比较稳定、财务风险较小，有充足的现金结余去支付应付账款。

知识链接：直接成本、间接成本

直接成本是指生产费用发生时，能直接计入某一成本计算对象的费用。某项费用是否属于直接计入成本，取决于该项费用能否确认与某一成本计算对象直接有关和是否便于直接计入该成本计算对象。企业生产经营过程中所消耗的原材料、备品配件、外购半成品、生产工人计件工资通常属于直接成本。

间接成本就是与生产产品和服务难以形成直接量化关系的资源投入成本，主要包括固定资产折旧成本、管理费用、营销费用等。

以上是对七匹狼资产负债表内部结构的比较分析。实际上，看财务报表的关键不在于看一张表，而在于看很多张表，把表和表之间做对比。

　　资产负债表是企业在某一个时间点上的表现，通过年初和年末两张照片来反映企业一年内的经营状态。那如何才能解读出企业在这一年内的变动情况和经营成果呢？这就需要靠两部电影将其表现出来（见表4-4）。

表4-4　企业资产、负债、所有者权益的关系

项目	表示的状态
资产	公司拥有能创造未来价值的经济资源
负债	公司对其他的组织所承担的经济负担
所有者权益	所有者享有的剩余财富

珠海拾贝，史老师财务语录

- □ 企业的资产结构会影响到成本，成本会影响到企业的营业贡献。
- □ 企业的财产分为两部分：一部分是流动的，并保持跑来跑去的状态，叫作流动资产；另一部分是固定的，保持趴在一边不动的状态，叫作固定资产。
- □ 实际上，看财务报表的关键不在于看一张表，而在于看很多张表，把表和表之间做对比。

第 5 章

平衡企业的现在与未来——利润与现金流

本章内容要点如表 5-1 所示。

表 5-1　本章内容要点

内　　容	摘　　要
资金的整体活动	1. 经营活动：整个企业经营中的资金流动情况 2. 筹资活动：钱从哪里借来，又还到哪里去 3. 投资活动：钱从哪里投进来，又投到哪里去
现金流经营的三段论	1. 现金流量净值为正：小规模公司的经营活动一定要有正向的现金积累 2. 筹资活动的现金支撑：小规模公司发展到中等规模的关键 3. 投资活动的现金积累：中等规模公司成长为大公司的关键

5.1　企业的经营业绩在哪里体现

» 提纲挈领，吊你胃口

倘若你是 A 公司的总经理，看过利润表之后，发现这几年公司的主营业务收入有如下趋势（见图 5-1）。

看，这么漂亮的收入增长趋势，作为总经理的你，是不是可以去董事会要求加工资了？

如果你是 B 公司的总经理，看完利润表后，发现这几年公司的主营业务收入有如下趋势（见图 5-2）。

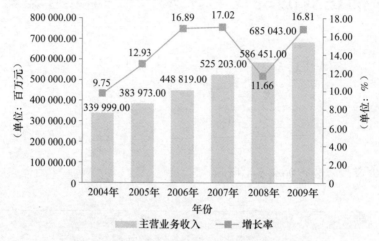

图 5-1　A 公司近 5 年主营业务收入及增长情况

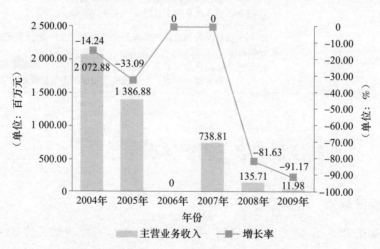

图 5-2　B 公司近 5 年主营业务收入及增长情况

如果你是 B 公司的总经理，相信不等你去找董事会，他们早已怒气冲冲地过来责问你了。那你作为总经理，是不是要赶紧分析一下业绩一落千丈的原因？

事实上，A 公司就是大名鼎鼎的服装品牌 ZARA 的母公司 INDI-TEX，这个漂亮的利润表是该集团如日中天的经营活动的支持。

下面，我们就来分析第一部电影——利润表。

利润表呈现的结果是收入减去支出，是一个时间段内企业经营成果的反映，也就是要看到利润从哪里来，利润又到哪里去。

知识链接：利润表

利润表，它解释了企业在某段时间内（通常为一年），股东权益因各种经济活动的影响而发生的变化。简单来说，净利润等于收益扣除各项费用。利润表是衡量企业经营绩效最为重要的依据。

企业的利润是通过业务管理、产品销售、营业收入来实现的。利润的去处就是成本和费用的支出。我们看七匹狼公司的利润表，它将利润的来源和去处都清楚地呈现出来（见表5-2）。

表 5-2　七匹狼 2007 年年末利润表　　　　　（单位：元）

报告期	2007-12-31	2006-12-31
主营业务收入：	876 477 345.13	488 229 050.27
减：销售折扣与折让		
主营业务收入净额：		
减：主营业务成本	566 067 709.48	329 112 776.95
减：主营业务税金及附加	3 250 741.43	2 897 845.97
主营业务利润：		

（续）

报告期	2007-12-31	2006-12-31
加：其他业务利润		
减：存货跌价损失	2 359 904.87	742 971.01
减：营业费用	126 799 355.87	57 384 253.83
减：管理费用	55 085 642.58	29 796 643.89
减：财务费用	-774 317.36	-669 581.15
营业利润：	122 373 323.53	68 962 274.90
加：投资收益	-1 314 984.73	-1 864.87
加：汇兑损益		
加：期货收益		
加：补贴收入		
加：营业外收入	3 148 615.23	303 531.77
加：以前年度损益调整		
减：营业外支出	2 159 541.26	2 765 572.61
减：分给外单位利润		
利润总额：	123 362 397.50	66 500 234.06
减：所得税	22 157 859.63	12 920 440.77
减：少数股东损益	12 508 041.54	3 531 832.09
减：购并利润		
加：财政返还		
加：所得税返还		
加：未确认的投资损失		
净利润：	88 696 496.33	50 047 961.20

资料来源：七匹狼 2007 年年度报告。

利润表的第一行呈现的就是该企业的主营业务收入。主营业务收入是一家企业主要的产品收入，它减掉了销售折扣或折让后形成了主营业务收入净额。注意，这里所看到的主营业务收入是不包含增值税的。增值税属于价外税，在确认收入的时候已经被扣除了。

在收入的下方展示的是该企业的主营业务成本。这个生产成本实际上包含了生产产品的直接成本（原材料的直接购入成本和操作员工的直接工资），以及制造过程中发生的间接成本，比如制造费用（当然也包括设备的折旧费）等。

主营业务收入净额减去主营业务成本，再减掉主营业务税金及附加，就得出了主营业务的利润。这是一家企业主要的利润来源。

顺着利润表往下看到的是营业费用、管理费用和财务费用，我们将这些统称为经营成本。经营成本对企业利润的作用力也很大。拿保健品行业来说，保健品企业的毛利率很高，但它的经营成本也很高，经营到最后利润几乎所剩无几。还有一些原料加工企业，也就是我们通常所称的 OEM 贴牌生产企业。由于这些企业本身没有自己的产品，主营来料加工，因此虽然该行业的毛利率不高，但因为它的销售成本很少，净利润不一定会少。如果这个企业做一条龙生产，即自己经营原料加工，又经营产品的品牌、销售服务等，其经营成本就会随之而增加。

知识链接：什么是OEM

original equipment manufacturer（OEM），原始设备制造商，指一家厂家根据另一家厂商的要求，为其生产产品和产品配件，亦称为定牌生产或授权贴牌生产。既可代表外委加工，也可代表转包合同加工。国内习惯称为协作生产，三来加工。

OEM能为您带来什么？OEM客户就意味着市场，OEM客户越多，产品的市场占有率就越高。

同样，如果不能很好地控制这三项经营费用，就会引发一些新的问题。拿财务费用来说，有些企业经营规模很大，经营状况良好，但是负债率过高。高负债就会带来高额的利息成本，而利息往往体现在财务费用里。我曾经看过一家企业的财务报表，这个销售额将近1亿元的企业，竟然要承担6000万元的银行利息！这就说明这家企业负债率过高，企业虽然赚了钱，但大部分的利润都被债权人拿走了。本来是自己当老板，结果到最后变成了为债权人打工，这就是高财务成本的经营风险（见图5-3）。

主营业务利润减去期间费用就是企业的营业利润。我们也通常把主营业务利润称为毛利润。

> **知识链接：毛利润和净利润**
>
> 毛利润：商业企业商品销售收入减去商品原进价后的余额。
>
> 净利润：是指在利润总额中按规定缴纳了所得税后公司的利润留成，一般也称为税后利润或净收入。

图5-3 从"老板"到"打工仔"的转变

关于毛利润，我们该如何去理解呢？毛利率的高低又跟什么有关呢？我们先来看一个例子。

案例 5-1

三类行业——行业毛利率的高低比较

A 是以种地为生的农民企业家，B 是汽车制造的企业家，C 是经营软件的企业家。

现在我们思考一下，当这三位所经营的产品销量提高以后，谁更容易发财呢？

很多人都会说做软件经营的企业家更赚钱。的确，但为什么做软件经营的企业家在产品销量提高以后更容易发财呢？这与三个行业的毛利率孰高孰低有关（见图 5-4）。

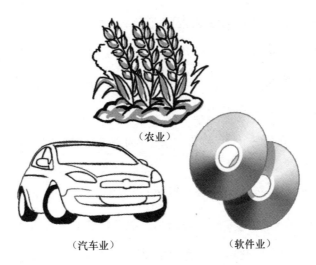

（农业）

（汽车业）　（软件业）

图 5-4 三个行业的毛利率孰高孰低

A 企业家以种地为生，他所经营的 1 亩地所需人工和肥料的成本是一定的，如果想扩大经营去种 10 亩地，那它的成本基本上是同比上升的，因此种地发不了大财。

B 企业家所经营的汽车制造业，固定成本会占很大的比例。汽车的销量越高，固定成本分摊的就越来越少，因此只要销量提高了，该行业的财务积累速度当然要比种地的高很多。

但是做汽车还是不如做软件的赚钱，原因就是做软件的企业，除了前期投入相对固定的技术开发成本外，只要经营得好，伴随着软件销量上升，增加的只不过是每一个光盘的成本，或每一件包装物的成本而已。卖 1 万份和 10 万份的成本差别并不大，只要销量上升，财富便能够很快地积累。

所以我们常说，种地的不如造车的，造车的不如做软件的，新的财富英雄一定都是能够抓住新经济形势的人。如同当今无处不在的网络，每个网站的在线点击数量同时能够达到 10 万人和 100 万人，其成本实际上并没有增加很多，但是从 10 万人到 100 万人，单个客户的贡献率加起来将会是一个很大的数字。

因此，企业的毛利率高低跟所处的行业、竞争性和市场总容量有关。

从主营业务收入到主营业务利润，我们将其称为企业的经营层面；从主营业务利润到营业利润，我们将其称为企业的财务层面；营业利润加上投资收益，再加上营业外收入，我们将其称为企业的投机收益。

各类企业的投机收益千差万别，有些企业甚至就是依靠很高的投机收益来提高整个公司的净利润。

市场上曾经有一家以投资性经营为主的上市公司，其最初投资的几块地皮以每亩地 5 000 元的价格买入。一年后该公司请来相关机构对所购入的土地进行评估，在房地产价格持续上涨的大背景下，每亩土地的价格从 5 000 元骤然上涨到每亩 20 000 元，仅 1 亩地的价格就上涨了 15 000 元，此时公司账面上的投资收益也就相应地调高了，企业利润因此而被拔高。

还有很多的房地产经营企业，在经营主营业务的同时又跟别人合作投资，力求拉动投资收益，但因此而实现的投资收益都是阶段性的、投机性的、短暂而不能长久的。而且，如果一家企业的投机收益很高，实际上它是很危险的。因此，老板在看利润表的时候对企业的营业外收入要格外敏感。

画龙点睛

企业要关注主营业务的稳定成长，不要依赖投机收益。

案例 5-2

浪莎国际——投机收益下的净利润

2007 年浪莎国际股份上市了。浪莎国际贸易有限公司（简称"浪莎国际"）成立于 1997 年 9 月，注册资本 10 万港元，其主营业务为针织品贸易。在经营过程中，该公司某个季度突然出现了 2.7 亿元的高额净利润，但后来发现整个公司的总资产却只有 1.5 亿元。如此多的利润是如何发生的呢？

通过翻阅该公司的财务报表，我们发现企业有太多的银行贷款。当公司面临资不抵债的情况时，银行就免除了它的还款金额。如此一来，公司在财务上就把应付银行的欠款转作自己的营业外收入。因此，浪莎明明从主营业务上来看是亏损的，但是由于转入的高额营业外收入，企业也因此有了很高的净利润。这恰恰说明了这家公司所获取的收益并不是通过正常的营业实现的，而是源于其在财务层面上的运作。

⋯⋯⋯⋯⋯⋯⋯⋯⋯⋯⋯⋯⋯⋯⋯⋯⋯⋯⋯⋯⋯⋯⋯⋯⋯⋯⋯⋯⋯⋯⋯⋯

营业利润加上投资收益，再加上营业外收入，减去企业的营业外支出，就构成了企业的利润总额。这个利润总额，我们也称之为计税总额，它是企业向国家征缴税款的依据。它反映了企业一个新的状态，有的企业利润总额很高，但是由于税赋负担很重，最后剩下来的净利润也不会很多。

关于企业的净利润，我们可以从两个方面加以衡量。

第一，我们从经营层面看经营的优良指数。

第二，我们从财务层面看企业的经营状态。

利润表这部电影，既有月度报表，也有年度报表，而我们正是从这一张张报表中看清每个时间段内企业经营的结果（见表 5-3）。

表 5-3　企业经营的结果

利　　润	呈现形式
利润从哪里来	业务状态、产品盈利
利润到哪里去	成本与费用

⭐ 珠海拾贝，史老师财务语录

- □ 主营业务收入是一家企业主要的产品收入，它减掉了销售折扣或折让后形成的主营业务收入净额。
- □ 企业的毛利率高低跟所处的行业、竞争性、市场总容量都有关。
- □ 主营业务收入净额减去主营业务成本，再减掉主营业务的相关税金及附加，就得出了主营业务的利润。这是一家企业主要的利润来源。

5.2　当家才知柴米贵——现金为王

» 提纲挈领，吊你胃口

现金流量表可以概括地反映经营活动、投资活动和筹资活动对企业现金流的影响，用来评价企业利润的实现情况。

既然是评价企业利润的实现情况，那么现金流量表与利润表相比，又有哪些好处呢？

其实，利润表往往不能真实地反映出一个企业的盈利水平与其财务状况的匹配程度。有的企业账面利润很高，看似业绩可观，而现金却入不敷出，经营举步维艰；而有的企业虽有巨额亏损，却现金供给充足，经营周转自如。因此，只有把利润表和现金流量表结合起来分析，才能较为客观全面地反映企业真实的经营状态。

画龙点睛

资产负债表说明了企业的底子，利润表体现出企业的面子，而现金流量表才是真正的居家过日子。

现金流量表解释某特定时间内（通常为一年），企业的现金情况因运营活动、投资活动及融资活动而发生变化。现金流量表可以弥补利润表在衡量企业绩效时面临的盲点，从另一个角度去检视企业的经营成果。现金流量表是评估企业能否持续经营及保持竞争力的最核心工具。

现金流量表是表现企业经营活动的另外一部电影。它体现了企业现金的三个状态：现金从哪里来？到哪里去？流动了多少？这是现金流量表的关键所在。更重要的是，它将企业资金的整体活动分为三个方面（见表5-4）。

表5-4　资金的整体活动

资　金	表　现
经营活动	整个企业经营中的资金流动情况
投资活动	钱从哪里投进来，又投到哪里去
筹资活动	钱从哪里借来，又还到哪里去

这三个活动构成了企业现金流的状态，同时也是企业资金的表现形式。因此，我们在看企业现金流量表的时候，需要将这张表分割成

三个部分来看经营活动中现金的收入情况、支出情况和剩余状态。在企业发展的不同阶段，这三者之间的活动也是不一样的（见表 5-5、表 5-6、表 5-7）。

表 5-5　七匹狼 2007 年年末现金流量表（1）　（单位：元）

报告期	2007-12-31	2006-12-31
一、经营活动产生的现金流量：		
销售商品、提供劳务收到的现金	1 154 467 915.72	586 359 728.47
收到的租金		
收到的税费返还	800 964.98	3 815 631.28
其中：增值税销项税额、退回增值税款		
其中：除增值税外其他返还税费		
收到其他与经营活动有关现金	5 155 698.25	5 830 014.94
（经营活动）现金流入小计	1 160 424 578.95	596 005 374.69
购买商品、接受劳务支付的现金	673 642 517.71	434 096 460.19
经营租赁所付现金		
支付给职工以及为职工支付的现金	76 116 846.06	49 881 316.19
支付的各项税费	76 325 495.47	42 059 381.83
支付的增值税款		
支付的所得税款		
除增值税、所得税以外其他税费		
支付其他与经营活动有关现金	126 947 730.89	68 219 449.48
（经营）现金流出小计	953 032 590.13	594 256 607.69
经营活动产生的现金流量净额	207 391 988.82	1 748 767.00

资料来源：七匹狼 2007 年年度报告。

表 5-6　七匹狼 2007 年年末现金流量表（2）　（单位：元）

报告期	2007-12-31	2006-12-31
二、投资活动产生的现金流量：		
收回投资所收到的现金		

（续）

报告期	2007-12-31	2006-12-31
其中：处置子公司收到的现金		
取得投资收益所收到的现金		
分得股利或利润收到的现金		
取得债券利息收入收到的现金		
处置固定资产、无形资产和其他长期资产收回的现金净额	1 331 332.48	
收到其他与投资活动有关现金		
（投资）现金流入小计	1 331 332.48	
购建固定资产、无形资产、其他长期资产所支付的现金	119 791 179.52	69 659 753.47
投资所支付的现金	3 500 000.00	500 000.00
其中：购买子公司支付的现金		
其中：权益性投资所付现金		
其中：债权性投资所付现金		
资产置换产生的现金流出净额		
支付其他与投资活动有关现金		
（投资）现金流出小计	123 291 179.52	70 159 753.47
投资活动产生的现金流量净额	−121 959 847.04	−70 159 753.47

资料来源：七匹狼 2007 年年度报告。

表 5-7　七匹狼 2007 年年末现金流量表（3）　（单位：元）

报告期	2007-12-31	2006-12-31
三、筹资活动产生的现金流量：		
吸收投资所收到的现金	594 850 127.70	
其中：吸收权益性投资所收到的现金		
再其中：子公司吸收少数股东权益性投资所收到的现金	10 034 504.70	
其中：发行债券所收到的现金		

（续）

报告期	2007-12-31	2006-12-31
借款所收到的现金	40 000 000.00	46 000 000.00
收到其他与筹资活动有关的现金	1 477 777.00	
（筹资）现金流入小计	636 327 904.70	46 000 000.00
偿还债务所支付现金	86 000 000.00	
筹资费用所支付的现金		
分配股利利润或偿付利息所支付的现金	13 649 386.24	11 509 306.00
其中：分配股利或利润所付现金		
再其中：子公司支付的少数股东的股利		
其中：偿付利息所付现金		
融资租赁所付现金		
减少注册资本所付现金		
其中：子公司依法减资支付给少数股东的现金		
支付其他与筹资活动有关现金	3 074 977.00	480 000.00
（筹资）现金流出小计	102 724 363.24	11 989 306.00
筹资活动产生的现金流量净额	533 603 541.46	34 010 694.00

资料来源：七匹狼 2007 年年度报告。

 示例

刘邦的现金流管理

以商业观点比喻，汉高祖刘邦是中国历史上第一个"平民创业家"，他创业成功的关键是"用对的人"。关于自己如何能成功，刘邦做了个精辟无比的分析："夫运筹策帷帐之中，决胜于千里之外，吾不如子房（张良）；镇国家，抚百姓，给馈饷，不绝粮道，吾不如萧何；连百万之军，战必胜，攻必取，吾不如韩信。此三者，皆人杰也，

吾能用之，此吾所以取天下也。"（《史记·高祖本纪》）

"用对的人"之所以重要，是因为他们会"做对的事"，而且会把对的事做好。用现代管理术语来说，刘邦身为领导者，充分认识到企业三种类型活动的重要性，这三种类型活动也正好是财务报表描绘的主要对象（见图5-5）。

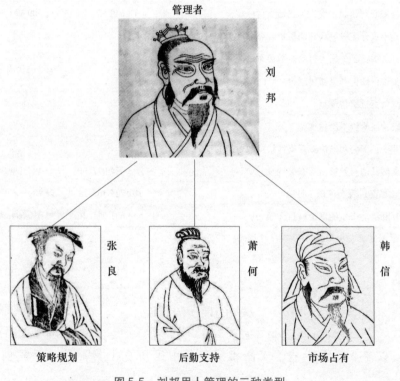

图5-5 刘邦用人管理的三种类型

1. 策略规划活动（以张良为代表）：企业的策略规划具体表现在财务报表上是投资活动。投资活动决定了企业未来能否成功，正确的投资能使企业保持良好的发展，创造更高的市场价值；不正确的投资不仅会造成短命王朝，甚至会使"股王"沦落为"毛股"。所谓的投资活动，不仅指把钱用在哪里的决策，也包括把错误投资收回来的决策。

2. 后勤支持活动（以萧何为代表）： 后勤支持活动具体表现在财务报表上是筹资活动，也就是资金流。现代企业的"粮道"就是资金流。资金充足流畅，经营或投资活动就可攻可守，员工及股东才能人心安定。

3. 市场占有活动（以韩信为代表）： 市场占有活动具体表现在财务报表上是经营活动。经营活动决定企业短期的成功，它的重点是营业收入及获利的持续增长，以及能从顾客端顺利地收取现金。（原文作者刘顺仁）

5.2.1　经营活动的现金流

首先我们要注意的是，企业在整个经营过程中最基本的活动是经营活动，它表现了企业资金的循环方式。整个企业现金的流入、流出，实际上是跟企业的经营循环联系在一起的（见表5-8）。

表 5-8　经营活动的现金流

项　　目	渠　　道
现金流入	股东投入、债权人借款、其他（代垫运输费等）
现金流出	缴税、利息或股东红利支付、工资发放等

1. 现金流入

企业的现金从哪里来？前文在一张照片——资产负债表中讲到，

企业最初的现金来源无外乎有两个方面：一是股东投入，我们称为权益资金；另外一个是债权人借款，我们称为负债资金。

另外，还有其他与经营活动有关的现金流入，比如替客户代垫运输费，后由客户归还的现金等，这些跟企业经营活动紧密相关的现金进项，共同构成了企业总的现金流入。

资金进入企业后就被运用到生产中，生产就会产生存货、发生费用，同时也可以拿这些钱去做投资。资金投资到企业内部就会形成企业的固定资产，而后固定资产以折旧的方式把成本转嫁到存货上。存货被拿去销售会出现两种情况，现金也会随之出现两种状态：一种是存货直接销售出去后，现金马上被收回来，此时就形成了企业的库存现金；另一种是存货销售以后，现金没有及时收回来，从而形成了企业的应收账款。此时，现金被应收账款占用，应收账款收回来以后才会转为企业的现金。

知识链接：应收账款

企业因销售商品、材料、提供劳务等，应向购货单位收取的款项，应收账款是随企业销售发生形成的一项债权。因此，应收账款的确认与收入的确认密切相关。通常在确认收入的同时，确认应收账款。

企业在经营活动中产生的现金，在统计的时候会有一定的时间差，这个时间差是如何表现的呢？企业存在应收账款，这说明经营活动已经发生了，也就视同销售商品了。虽然钱没有收回来，但销售商

品的营业收入已经计算在内了，也就视同企业是赚到钱了。如果应收
账款无法收回就会很麻烦，因为产品的销售已经实现了，相关的税款
也都上缴了，一旦资金收不回来企
业就会将本金和利润全部损失掉。

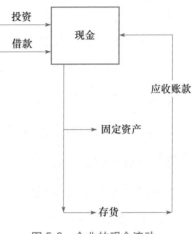

从图 5-6 中可以看出，企业的现
金会被三个地方所占用——固定资
产、存货、应收账款。现金一旦被
占用，它的运转就处在停滞状态，
也就无法为企业的经营活动做出任
何贡献。

图 5-6 企业的现金流动

2. 现金流出

现金流入继而又会流出，那么现金流到哪里去了？

税款的上缴、经营租赁的现金支付，都是现金的流出渠道。

另有其他企业在经营活动中所发生的现金出项，如企业为供给产
品生产而购买原材料款项的支付；为生产或管理员工发放的工资；企
业向政府相关部门交纳的各种税款等，这些与经营活动有关的所有现
金支出，构成了企业总的现金流出。

通过现金流量表我们可以看到，无论是在销售商品、提供劳务中
收到的现金，还是企业因生产经营活动所发生的相关费用或成本支出，
只要现金发生了变化，就会在现金表中反映出来。企业生产经营活动
所产生的现金流入和支出两方面相抵，就出现了现金流量净值。现金
流量净值如果是正数，则说明企业流入的现金多，流出的现金少；如

127

果是负数，则说明流入的现金少，流出的现金多。

现金流量净值为正数时，我们都好理解，这说明企业经营运转良好。

现金流量净值为负数时，我们可以从两个方面加以理解。

（1）如果是一家新开的企业，开办期间的费用支出会很大。因为企业的经营活动刚刚开始，现金流入量很小而流出量很大，在经营活动中就会出现入不敷出的情况。这时，如果有一笔可观的现金帮助企业支撑过这个阶段，就可以渡过创业的艰难期。因此，企业经营的第一步就是要想方设法使经营活动的现金净值为正。

（2）如果是在企业发展的正常经营活动中，现金流入为负数，则企业将面临一个非常困难的境地。

众所周知，现金流正如企业的"血液"一样，唯有让"血液"循环顺畅，企业才能健康成长。现金有力地支撑着企业价值的实现，可以说，增加现金流就是创造企业价值。目前，我们随处可听到"现金为王"的说法，这是一种卓越的财务理念。备受关注的海尔集团也对现金流推崇有加，甚至在海尔的管理规则中这样写道：现金流比利润更重要。

我们应该深信不疑，利润丰厚不一定能让企业成功，但现金流可以！

画龙点睛

现金流比利润更重要。

5.2.2 筹资活动的现金流

如果企业的自有现金不足以支撑经营活动的时候，经营者首先想到的是能不能找到融资来源，为此所发生的融资行为就被称为现金的筹资活动（见表 5-9）。

表 5-9　筹资活动的现金流

项　　目	渠　　道
现金流入	吸引股东投入新增资金、借款等
现金流出	归还借款的本金和利息等

筹资活动首先可以吸引股东投入新增资金，或者找到新的股东加入。我们可以看到有些企业在经营状况并不是很好的情况下，却能吸引新的股东不断加入，用新增加的资金来支撑企业的进一步发展；如果一家企业经营活动的正常现金流为正，但总是得不到新的股本投入，企业也会出现困境。除此之外，企业常用的筹资活动还有借款等方式。

无论是增加资本或是增加借款，既会引起现金流入企业，也会引发相关的现金流出，比如归还借款的本金和利息。因此，在企业的筹资活动中，既有正向的现金流入，也有负向的现金流出。同样，在筹资活动中，现金流量净值为正说明企业借款多；如果现金流量净值为负，则说明企业还款多。但筹集来的资金是被用来支撑企业的经营活动还是投资活动，这个并没有体现出来。

画龙点睛

筹资活动重要的是资金来源与经营活动相匹配。

5.2.3　投资活动的现金流

在企业的投资活动中同样也会产生现金的流入和流出（见表5-10）。当筹资活动完成以后，我们用借来的钱拿去投资，等于为企业的投资付出了成本，从而发生了现金流出；投资以后收回现金回报，或者企业将投资购入的固定资产卖掉，就会发生投资活动的现金流入。

表5-10　投资活动的现金流

项　目	渠　道
现金流入	投资回报等
现金流出	发生投资等

投资活动的现金流量净值，也有正负之分。如果现金流量净值是正数，说明企业可能有投资收益，或者企业在出售固定资产的过程中，有大量的现金进入企业；如果是负数，则说明企业正在进行新的项目投资，有投资就会有成本，企业所需的花费将会很高。

案例5-3 ....

杨澜与阳光卫视——经营与融资活动中的现金流

被全国电视观众广为熟知的节目主持人杨澜，曾经在中央电视台主持正大综艺节目。杨澜以其良好的形象和亲和力，受到了全国亿万观众的喜爱。后来她到美国留学，学习影视编导，之后和优秀的资本投资者吴征先生结婚，并一起创办了阳光卫视。

　　阳光卫视的创办理念非常好，它弥补了当今中国电视频道很多，但是内容贫乏，大多千篇一律的缺失。当我们每天晚上打开电视，从一个频道换到另外一个频道，观看时有雷同的新闻或电视剧时，杨澜看到了这个契机，决心要做全世界最大的中文电视内容的提供商。这个项目的市场前景非常好，也获得了大家的肯定。终于，杨澜的阳光卫视开办了，她在经营过程中花费大量的资金去世界各地购买各种各样的节目，有历史类、地理类、文化类等，买回来后将它们翻译成中文再卖给国内的各个电视台；同时杨澜做出一档自己的节目，叫作杨澜访谈录，收视率很高，在国内市场极受好评，这个产品也一起被卖给了各个电视台。

　　但最终阳光卫视没能持续经营下去，原因是什么呢？

　　我们都知道，电视台是节目播出的中介，它是与终端消费者沟通的渠道。但观众在电视上看节目时，看过一遍就会感觉不新鲜了，于是这种新鲜感就对节目有了更大新鲜度的需求。而杨澜的阳光卫视有90%的栏目都是用现金买进的，她把节目制作完以后卖给国内的电视台，而国内电视台的经营能力较差，节目卖出去之后，杨澜并没有及时收到现金，换回的仅仅是各个电视台置换给她的广告时段，如此一来，阳光卫视的经营就回到了原始社会以物换物的阶段。

　　这就造成了一个很大的麻烦，公司现金在不断流出，尽管产品非常畅销，就是没有现金进账，直至引发现金流断裂。正常情况下，这个时候需要现金进项来支撑未来的持续经营，于是杨澜动用了融资的手段。此时，身为融资董事局主席的杨澜，凭借她非常好的亲和力得到了广大股民的认可，为阳光卫视融到了经营运转急需的资金。然而，她将融到的钱随后又填到了经营活动的窟窿里。筹集来的资金填到经营中去，可以暂时为企业运营争取一些时间，但这并不代表企业可以永远存活。用现有的钱去补窟窿，隔一段时间后这个钱用空了，又该怎么办呢？当杨澜再次遇到这个问题的时候，她就回到国内，再次动用了她在国内的良好形象进行私募，为阳光卫视又争取了一段时间。但很遗憾的是，尽管融资资金再次成功地到位了，依然无法支撑长期经营活动的现金窟窿，最后大家只能看到阳光卫视被迫出售的结局。

因此，投资活动可以帮助企业延伸经营的时间，但归根结底要有正常的经营活动来帮助企业产生持续的现金流。阳光卫视的案例就充分说明，现金流是经营活动的关键。

> 聪明人有时也会摔倒，但不会在同一地方摔倒第二次。
>
> ——民间名言

现金流量活动之间最重要的是要把企业的经营活动、筹资活动和投资活动连起来看（见图5-7）。

在正常的经营活动中产生现金流，是保证一个企业经营循环的关键；当运营有了一个好的开头，就能持续地吸引资金融入，用筹集到的资金支撑企业的

图 5-7　现金流量活动之间的关系

进一步发展；但股东是要求回报的，如果眼前不能产生回报，也要让他未来获得回报。因此，适当的投资是很有必要的。企业现金流量表的呈现如表 5-11 所示。

表 5-11 企业现金流量表的呈现

现金流量表	段的呈现
本期结余＝上期结余+本期收入−本期支出	经营活动、现金收支及结余状态 筹资活动的现象来源类型 投资活动的状态 经营、投资、筹资活动、现金

5.2.4 现金流的三段论

案例 5-4

巨人大厦的坍塌——经营与投资活动中的现金流

为大家所熟悉的企业家史玉柱，当年一手创办了巨人集团，并于 1995 年成为在《福布斯》中国内地富豪榜上唯一一位靠高科技起家的企业家。巨人集团的倒台和阳光卫视不同。巨人集团刚开始经营时现金流很好，这是源于它有一个很好的保健品项目，即让广大消费者耳熟能详的产品"脑白金"。脑白金项目自开发以来，现金流的正向积累能力非常好。但是史玉柱在此时做了一个失误的决策，用企业大量的现金做投资，兴建巨人大厦。

20 世纪 90 年代中期，作为当年"十大改革风云人物"之一的史玉柱决意在美丽的珠海盖一栋自己的大厦。这栋原本计划 18 层的房子，在投资刚开始的时候占用企业的现金并不多，也许是感觉赚钱太容易了，巨人大厦的规划骤然间被拔高到 70 层，投资也从 2 亿元增加到 12 亿元。意气风发的史玉柱在当地政府的大力支持下，决心要盖中国第一高楼，虽然当时他手里揣着的钱仅仅能为这栋楼打桩。

"他意气风发，向我们请教无非是表示一种谦虚的态度，所以没有必要和他多讲。而且他当时还很浮躁，我觉得他迟早会出大娄子。"联想集团总裁柳传志这样形容当时的史玉柱。在这样的担忧和预言下，巨人集团很快就坍塌了，史玉柱也由此成为当时身负 2.5 亿元巨债的中国"首负"。

现金流的确是一个非常残酷的问题，当年巨人集团投资兴建巨人大厦缺少现金流是源于企业的两种行为。第一是过渡营销。我们还依稀记得当年巨人集团的保健品营销是用大量的广告来刺激市场，通过无孔不入、狂轰滥炸和铺天盖地的广告策略，让一款全新的保健品在当时做到了家喻户晓。第二是占压供应商的资金。供应商的资金一旦被占压，其现金流就短缺了，他们也就不再愿意为巨人集团供应保健品，既不愿意帮它代工，也不愿意为它加工。资金链的断裂拖累了正常的经营活动，与此同时，供应商的经营危机也引发了巨人集团的危机。

从这个故事中我们可以看到，即使一个企业的经营活动很好，拥有庞大的现金流，但如果不能正确地衡量企业的经营状态，盲目扩大投资，一旦投出的金额超过了企业现金的承受力，就会拖累正常的经营活动，现金在经营和投资两者之间被抽干了。

案例 5-5

德隆集团的成败——企业现金流的三阶段

纵横中国资本市场的新疆德隆，至今仍是中国民营企业最大的骄傲。1992 年，唐万新与几个朋友注册成立了"乌鲁木齐德隆实业公司"，这也是新疆德隆集团的前身。后来唐万新的三个哥哥也陆续加入了弟弟的事业，德隆逐渐从一个朋友公司演变成一个家族类企业。2000 年，新疆德隆集团跻身中国民营企业出口"三甲"之列。2002 年，在《福布斯》富豪榜排名中，唐氏兄弟位列第 27 位，资产总数为 1.95 亿美元，这在中国民营企业家中是绝无仅有的。

德隆在唐氏兄弟的经营下，做到了数百亿元的规模，至今仍是我们很多民营企业无法企及的。做大之后德隆还控制着四家上市公司，分别是：天山股份、屯河、湘火炬、合金投资。

1997~2001 年，在股市的熊市中素有"股市第一庄"美誉的德隆一直以常青树的形象占据一方。如此庞大的德隆集团却于 2004 年股市回暖的春天逆市下跌，导致其资金流完全断裂。

通过分析得知，德隆所控股的四家上市公司均属于国有改制企业，正向的现金流虽然也有，但却不多。在控制了这四家公司的情况下，德隆并没有扎扎实实地将企业的主营业务做得更好，反而在做大之后还想做得更大，于是德隆开始了资本的经营运作。首先，德隆通过上市在国内搭建了四个融资平台，用大量的高额利息融入资金，并许以很高的回报率。融入的资金为资本的运作提供了基础，但德隆完成融资后并没有将资本用到主营业务的经营中，而高额的融资成本又要求企业很快归还借款。于是，德隆将这些筹集到的资金直接拿来用作经营投资活动，又收购了200多家濒临倒闭的国有企业，试图通过多元化经营和产业整合来提升企业的经营能力。

思路没有错，但步伐走得太快。由于德隆收购公司的做法简单而粗糙，一味地大小通吃，没有把好被收购公司的质量关，简单地认为收购越多企业规模就越大，实力就越强。在没有考虑到企业现金回报的时间安排，缺乏对投资阶段的长、中、短期规划的情况下，投资风险像"滚雪球"一样越滚越大，一旦产业整合受阻，银行紧缩贷款，德隆的规划架构就变成了空中楼阁，企业生命也就戛然而止。

昔日的民企留给我们很多启示，国内很多企业家的战略布局太大，缺少充足的财务支撑力，导致当今很多企业呈现出头大（充满梦想、企图高）、身肥（管理臃肿、组织消耗大）、腿细（核心乏力、跑不动）的经营现状（见图5-8）。

试想一下，一个脑袋很大、身体很肥、双腿很细的人会是什么模样，这种人若是试图跑起来一定会摔跤。而我们刚才看到的德隆，情况就是这样的，经营活动正向的现金并不多，在筹资活动中筹集的大量现金又直接投进了投资活动中，投资活动一旦产生，其现金回报需要一段时间才能实现。任何一位实践型的企业家都知道，在企业运营中从把钱投进去再到把钱收回来，中间没有几年的辛苦经营是不可能实现的，而且还要在经营期间内好好管理，现金才有可能收回并偿还

头大、身肥、腿细的奔跑中的人

图 5-8　当今部分企业的经营现状

投资款。倘若一旦经营不好，就将面临资金投进去，收益却遥遥无期的后果。

以前我在外资企业的时候，我们集团在中国有个 1 000 万美元的投资项目，但在之后的 6 年时间内都没能赚到钱，而且全部赔了进去，这时董事会面临着一个最痛苦的决定，要不要再拿出 1 000 万美元去拯救之前已经投入的 1 000 万美元？还记得当年，公司董事长曾讲过这样一句话："中国的经济，还没有达到收获的季节，我们来得太早了，但是既然已经来了，就拿着钱等着天亮吧。"因此，此时做决策需要仔细衡量继续投入的钱有多少，未来的回报有多大。

当年德隆在它的研究报告中提出，要整合中国的红色产业（也就是果汁、饮料等产业），要整合中国汽配行业，要整合中国农业生产资料行业，要整合中国娱乐业……这家企业的研究报告竟然出现了"整合产业"这样的字眼，看起来竟有些像国家政府部门的报告。它试图做到超越自身能力之外的事，而它周围的一帮高参们也一心想把德隆的领导人打造成中国的摩根。

企业家必须要正确对待现实问题，一定不能忘记在什么市场、什么地点、什么时间该做什么样的事。我们看到，德隆超出了时间范围，超出了能力范围，试图去做一件根本不可能做成的事情，德隆的整合神话也因此破灭了。

> **知识链接：摩根**
>
> 摩根，美国银行家，他用产业去做了银行，再用银行去整合了产业。
>
> 一个世纪前，约翰·皮尔庞特·摩根像巨人一样支配着整个金融世界。作为创建通用电气公司、美国钢铁公司以及地域广泛的铁路帝国的幕后策划人物，在几十年的时间里，他都是美国民间的核心银行家。

德隆失败的关键是没有认清企业资本的运营目的，资本运营是为整体战略服务的，不能以此来作为企业的核心竞争力。如果违反了这一原则，一旦融资资金无法及时到位，原来经营状态并不是很好的200多家被收购企业就会拖垮德隆的四大上市公司，最终导致整个金融帝国的垮台。18年成就历史，7个月倒塌垮台，德隆的例子

一个伟大的企业，对待成就永远都要战战兢兢，如履薄冰。

——张瑞敏

让我们深刻地体会到经营的艰难，也感受到了现金流枯竭而引发的经营危机。因此，企业在现金流的管理上一定要环环相扣、步步为营，

使之有力地支撑企业的正常生产经营。

因此，对于现金的经营活动、筹资活动和投资活动，企业一定要达成这三者之间的良性循环。企业家在经营企业的时候，千万不能拍脑袋做决定，然后拍大腿后悔，最后来一个拍桌子走人。在此，我总结出企业现金流经营需要遵循的三个准则（见表5-12）。

表 5-12　企业现金流经营需要遵循的三个准则

准　则	诠　释
现金流量净值为正数	小规模公司的经营活动一定要有正向的现金积累
筹资活动的现金支撑	小规模公司发展到中等规模的关键
投资活动的现金积累	中等规模公司成长为大公司的关键

第一准则，现金流量净值为正数。

这一点非常重要。如果企业在经营活动中产生的现金流量净值不为正数，我们就需要去分析接下来在经营活动中企业会遇到什么样的困难。如果不能做到这一点，企业的正常经营就缺乏支撑力，能不能继续存活下去就很难说了。当企业正常经营活动的现金有正向积累的时候，就代表着企业有能力积累盈利，可以保证未来的持续发展。

第二准则，筹资活动的现金支撑。

这是企业家们需要注意的一个很现实的问题。企业在经营过程中最好有筹集资金这一融资渠道，用筹资活动支撑持续的经营活动，用借来的钱帮助企业购入经营所需的固定资产，买进生产所需的原材料，拓宽产品的销售市场。唯有如此，才能抓好主营业务，增强企业在市场上的竞争力，使企业的发展上一个新台阶。这一准则也是一家企业从小规模发展到中等规模的关键所在。

第三准则，投资活动的现金积累。

通过研究发现，一家企业在某行业内做到顶峰之后，年增长率就一定会有所减缓，这种减缓会让我们意识到，企业需要寻找新的经营项目来保持一定的盈利水平。新项目的规划向横向发展，叫多元化；纵向发展，就叫关联化或专业化。无论往什么方向发展，都要开辟一个新的经营活动，即企业的投资活动。投资的实现需要现金的有力支撑，假如公司在主营业务上已经有了一定的现金积累，就足以支撑企业的投资活动，这是一家企业从中等规模成长为大公司的关键所在。

画龙点睛

　　一个好的项目，归根结底一定要有好的现金流积累做支撑。

总的来说，企业现金流经营有三个阶段。

小规模的公司经营活动一定要有正向的现金积累。

中等规模的公司要做大，需要筹资活动来支撑企业的主营业务经营，增强企业的竞争力。

大规模的公司主营业务如果有相当的现金积累，可以承担一定的在新投资活动中产生的风险，从而寻找到企业未来发展的第二个主营业务。

只有实现了这三个阶段的良性循环，才能使企业的经营更加稳健、持续并且可行。

5.2.5　企业的运营资金

在企业的整个现金流管理中，通过刚才列举的一些案例，我跟大家一起探讨了企业经营的关键，即经营活动中所产生的现金流入。它是靠企业主营业务产品或提供劳务销售的实现作为其主要来源的。但企业家一定要注意，在实现销售收入的同时，不代表就有了现金收入。过多的应收账款已成为当前企业经营中一个普遍存在的问题，它将导致企业中大量的现金被客户占用。在这一点上，我们看到了长虹的危机。

案例 5-6

长虹被骗欠款案——40 亿元应收账款的教训

2003 年 3 月，某媒体刊登出《传长虹在美遭巨额诈骗》一文，由此引起了轩然大波。人们同时也在 2003 年的长虹年报中发现了 APEX 拖欠长虹应收账款 44.466 亿元的事实。

在与 APEX 大规模合作前，长虹曾经先后两次对其进行了实地考察。2001 年 7 月，满载着长虹价值 200 多万元各类彩电的专列驶出了绵阳车站开往美国。2002 年，长虹通过 APEX 向美国市场出口彩电数量已高达 320 万台，连同 DVD 的销售额一同超过了 7 亿美元。

但紧随其后的是，APEX 使出其惯用拖欠货款的伎俩来应对长虹的催款——不是不付款，而是你的产品质量有问题。

如今，担任 APEX 董事长兼总裁的季龙粉已经被捕，但 APEX 拖欠长虹超过 40 亿元的货款何时能如数收回？

这是一个把营业额做起来以后，因应收账款被客户占用过多而导致企业财务危机的典型案例。长虹 40 多亿元的应收账款案例告诉我们，企业在拉升销售额的时候，一定要注意，不仅要求营业额的增长，还要对销售实现的现金收入进行管理，特别是企业应收账款的风险管理。

还有就是对现金流的管理。大量现金在某一生产或销售环节停滞时间较长的情况在制造类企业时有发生。比如一家服装制造企业的生产链条很长，从在农民手上收购棉花给付定金的原料采购环节，到企业中的生产、纺纱、织布、印染等环节，直至最后制成一件衣服。做好的衣服又拿去让代理商帮忙代销，销售实现后才能收回现金。由此，我们可以得出，即使在这个产业链中每个环节都是赚钱的，但因每个环节上的资金都会发生停顿，时间一长，企业的整个现金链就会处于几乎停滞不动的状态，造成企业经营的痛楚。

画龙点睛

企业要把选择什么样的客户，开发什么样的市场，回笼多少现金，作为一个非常重要的问题来管理。

那么在经营活动中，我们能否占用别人的资金呢？经常会有企业家朋友问我，既然应收账款让我们感觉很头疼，那我们去占用客户的资金是不是能够缓解燃眉之急呢？是啊，假如我们能将别人的钱用作自身企业的资金周转，那是最好不过的。但要注意的是，别人的钱总归要还，只有使企业的经营活动管理得非常稳健，才能做到有借有还。

有一种商业形态已经成为当前社会上的流行趋势，它就在我们身边，存在于我们的日常生活中，这就是大型超市的经营模式。大型超市的经营模式让身处普通经营模式的企业家们非常羡慕，因为它不需要自己掏出钱来投入运营，而是借助供应商和顾客的钱来周转，还可以在日常经营中获取大量的现金。但实际上，它们的经营状况并没有我们想象的那样乐观，经营者必须对现金流进行严格管理。

相信大家都有这样一个体会：相对于小区内的超市或商场专柜来说，普通百姓更愿意选择到沃尔玛、家乐福等大型超市去购物。有人说是因为价格便宜，也有人说是因为货品很多。看着大型超市里络绎不绝的人，很多人忍不住问道：为什么会如此便宜？今天也有很多量贩式经营的大型超市纷纷倒台，其原因又是什么？

案例 5-7

大型超市如此便宜为哪般？——现金流的重要性

岳母曾经来我家住过一段时间。在她刚到苏州的时候，有一天清晨我看她起得很早，就忍不住问她："起那么早干什么啊？"她告诉我说，小区附近有一家大型超市，每天前 100 名顾客买鸡蛋可以打五折，价格很优惠、很实在，很多老太太都商量好早上要一起去抢购鸡蛋。

超市的鸡蛋做半价销售一定是赔本买卖，为什么还要如此经营呢？有人说，超市要增加人气，就需要用便宜的货物打广告，这种说法有一定的道理，但并不完全如此。超市里所经销的那些经常被顾客拿来与其他商家做价格对比的产品，比如说牙膏、餐巾纸、饮料等，这些产品的价格相对于其他地方来说的确很便宜。但是我们也知道，这些物品的进价更便宜！难道仅仅是因为这个原因就要削价卖东西吗？当然不是。大型超市卖场需要的是商品的买卖流量，用这些相对便宜的商品促销带动其他产品的销售！

除此之外还有一个很重要的原因，这些大型超市也必须对每天卖出的商品要实现的营业额做出规划，以便保证能收回稳定的现金流，以此来支撑供应商到期的应付账款。因此，对于此类行业的经营来讲，首先考虑的不是能不能赚到钱，而是如何保持现金流的良性循环。超市要有充足的现金流支撑每天正常的营业循环，如果没达到预定的规划，即便是商品打折或是赔本销售，也要保住正常的现金持有量。这恰恰说明了一个深刻的道理：**企业是靠现金流在维持正常的经营**！

从这个案例中我们可以发现，企业加强对现金流的管理，能够延续企业的发展，积累企业的客户群。企业的盈利可以分为两个阶段：有些企业在经营之初并不赚钱，这时我会告诉这些企业的老板："没关系，只要企业不失血，不使现金持有量为负数，企业就能持续进行下去。"现金流净值为负数，也就意味着企业家需要不断融入资金投到生产运营中，企业最初的经营可以不赚钱，但是不能赔钱。假如企业的现金流净值转为正数，则说明企业的现金流入大于现金流出，已经初步实现了盈利，但还不足以弥补以前的成本支出。

这是因为企业通过产品销售的实现所获取的现金，减掉当月动用现金的各类支出，包括原材料采购、员工工资、支付相关税费等现金成本，即为当月的现金流净值。如果现金流净值为正数，就一定赚到钱了吗？不一定。还要再减掉原来投资购入

知识链接

我国不同行业的财务制度对计提折旧的固定资产范围做了不同的规定，以工业企业为例，计提折旧的固定资产包括：

（1）房屋建筑物；

（2）在用的机器设备、食品仪表、运输车辆、工具器具；

（3）季节性停用及修理停用的设备；

（4）以经营租赁方式租出的固定资产和以融资租赁式租入的固定资产。

的固定资产的分摊成本，即将被所购固定资产占用的资金以折旧的方式转移到成本中，最后得到的正向数值才是赚到的利润。如果最后得到的数值为负，就意味着企业经营的亏损。利润值是正数或是负数对于企业的持续发展来说都无关紧要，只要第一步计算出的现金流量净值为正数，就可以使企业在一个比较长的时间内持续发展下去。因此，不赚钱没关系，只要不失血，再难的经营困境也可以最终得以缓解。

企业家在企业的经营过程中常常会感觉很辛苦，要时刻掌控现金

从哪里来，到哪里去。这其中尤其要注意的是，如何才能想方设法地提高企业经营活动的现金收益。企业的现金收益来源于两部分：一个是销量的上升，销量上升在一定程度上会增加企业的现金收益；还有一个是价格的提高，通过涨价策略也能让产品的现金收益有所提高。这两部分的现金收益足以支撑企业的现金支出。

正处在经营困难和资金短缺困境中的企业，要尽可能缩减企业的净现金支出。除此之外还可以通过减少固定资产投资，用厂房的租赁来代替购买或新建，把积攒下来的钱放到流动资产中去支撑企业的正常经营循环。即使资金的投入量不够，需要短期借款来支撑，在短期内看来好像是增加了企业的成本，但这不会一次性过多消耗企业的现金流，这样就为企业赢得了一个喘息的机会。唯有如此才能保障企业的正向现金积累，才能在较长时间内支撑企业的长期经营活动（见图5-9）。

通常情况下，企业要想融资很难，银行不会雪中送炭，它们只愿意锦上添花，只有当企业做大了以后融资才会变得相对简单，这是经济社会的一个常理。因此，我们只

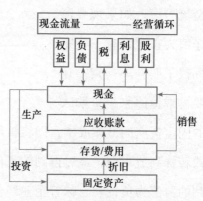

图5-9　现金流在企业中的经营循环

要夯实企业的经营活动，稳健管理企业经营，把握企业盈利能力，企业的现金情况才会很好。

当企业还得起钱的时候，经营不应过于保守，只要把风险控制在

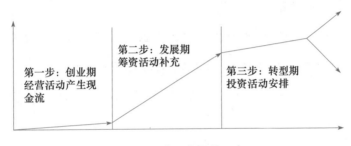

适当的可掌控的范围之内，就要敢于借钱。只有借钱，才会使企业越做越大；有借有还，才能把企业做得更好。

当企业冲到高峰的时候有可能会发现，主营业务的发展会有所减缓，这时我们不能故步自封，要敢于冒险，拿出已经积累沉淀的资金，去做适度的风险投资。但冒险的前提是先有大量的资金积累，以保证即使遇到一两个决策失误或经营失败的情况，也不会撼动企业的根基。

归纳来说，我将企业发展的三步总结如下（见图 5-10）。

图 5-10　企业发展的三步

第一步，使主营业务经营活动产生的现金流做到正数积累。

第二步，如果企业的经营活动非常稳健，那么就可以借钱来帮助我们把事业做得更大。

第三步，当你的事业足够大，有实力抵抗一定风险的时候，可以拿出一部分钱去做再投资。

通过这三步的积累和沉淀，我们相信任何一家企业都可以成为成功的大企业。

身为企业家，我们不应该忘记企业经营如同带兵打仗一般，要想赢得胜利就要做好打持久战的准备，而不是妄想仅凭一个炸弹就能消灭所有的敌人。企业的发展是讲求积累的，成功是在不断摸索中修正出来的。我们要给自己一段时间，找到企业发展的轨迹，从而为企业的经营找到成功的方法。当企业经营活动中的现金保持正向流动时，就足以支持企业在慢慢摸索中找出一条未来成功之路。

⭐ **珠海拾贝，史老师财务语录**

- ☐ 对于一个新创办的企业来说，一定要尽快地让企业经营活动中的现金流净值成为正数。

- ☐ 一个企业若要完全依靠自有资金、现金流的积累来支撑企业的发展，实际上是不太可能实现的，如果能也是很缓慢的。

- ☐ 假如公司在主营业务上已经有了相当的现金积累，就足以支撑企业的投资活动。

本章结束语

通过分析资产负债表，可以了解企业的财务状况，对公司的偿债能力、资本结构的合理性、流动资金的充足性等做出判断。

通过分析利润表，可以分析企业的盈利能力、盈利状况、经营效率，对企业在行业中的竞争地位、持续发展能力做出判断。

通过分析现金流量表，可以了解和评价企业获取现金和现金等价物的能力，并据以预测企业未来的现金流量。

三张财务报表的关系及呈现如表 5-13 所示。

表 5-13　三张财务报表的关系及呈现

一张照片与两部电影		
一张照片	一部电影	一部电影
资产负债表	利润表	现金流量表
资产＝负债+权益	利润＝收入-支出	本期结余＝上期结余+本期收入-本期支出
企业状态	企业经营成果	现金流量
点	段	段
反映企业在某一特定时点的财务状况	反映企业在某一特定时期内的经营成果	反映企业在一定时期内的现金流入和流出状况
账户式或报告式结构	多步式结构	报告式结构

第6章

利润无疆，飙升股东回报——
三大财务杠杆

📝 **案例导入：什么才是企业价值**

　　一天下午，我和几位企业家朋友聚在一起喝茶聊天。在谈到企业价值的时候，他们都认同一个观点，即企业的价值由两部分组成：一部分是产品市场的价值，另一部分是资本市场的价值。

　　这时候其中一位企业家说，这两个市场价值的组合就是企业的总利润。另一位企业家立即反驳说，总利润不仅包含产品市场的价值、资本市场的价值，也包括企业投入的成本。所以，企业的价值应该是企业总的营业收入。也有人执意认为，企业的价值是资产总额。此时大家开始议论纷纷。

　　我坐在旁边一直没有说话，他们争论完以后请我做裁判，判断谁的观点才是对的。我说，你们的观点都代表着一定的角度，但从企业家的角度来说，产品市场的价值和资本市场的价值整合在一起，就是企业的股东回报率。企业的价值，应该是为股东创造最高的股东回报率！

本章内容要点如表 6-1 所示。

表 6-1 本章内容要点

内容	摘要
企业家经营企业的三种类型	1. 把企业当成老婆养 2. 把企业当成孩子养 3. 把企业当成猪养
撬动企业业绩的三根杠杆	股东回报率（方向盘） 1. 销售利润率（油门） 2. 资产周转率（离合器） 3. 财务杠杆（刹车）

6.1 如何让企业价值变得更具吸引力

» 提纲挈领，吊你胃口

检验公司通过经营管理而获利的最重要的衡量指标是什么？

巴菲特认为："对经营管理获利最重要的量度，是已投入股权资本的收益状况，而不是每股收益。"在过去 40 年中，美国一般的公司只能获取 5%~10% 的股东回报率，标普 500 的股东回报率在 10%~15% 之间，而巴菲特投资的公司的股东回报率都在 15% 以上！

企业价值由两部分组成，一部分是产品市场的价值，另一部分是资本市场的价值。有的企业家说，这两个市场价值的组合就是企业的总利润；也有企业家说，企业的价值不是总利润，而是总的营业收入；还有人说，企业的价值是资产总额。其实，这些观点都有失偏颇，正确地说，企业价值的衡量标准应该是股东回报率！

在企业总资产中，股东自己投入的那一部分叫股东权益。企业利用这部分权益，加上举债等多种手段去撬动更多的资产，从而获取高额的股东收益。

什么是杠杆？杠杆是一个工具，给企业一个支点就可以撬动利润（见图6-1）。但在此需要注意的是，即使你的公司是赚钱的，债务比例也不要超过70%~80%。也就是说，只有这个支点不太近，你才有可能去撬动利润。假如企业借款太多，支点太近，作用力就恰好相反。

利润

图6-1　用杠杆撬动利润

6.1.1　企业价值的衡量标准

当下，社会上有很多股民都在用财务的语言谈论着投资什么样的公司才会获得更好的盈利。正如人们所谈论的，这家公司不好，它是亏损的；还有人在分析并谈论着某家企业的市盈率和营业额的高低、利润的好坏、市场占有率的高低，这些词语都跟财务相关。而今天我们看待社会上一位投资人或一位企业家是否成功，也是用他所拥有的财富来衡量的，而财富是通过数字来体现的。这就好像企业家们都关注全球首富比尔·盖茨拥有多少亿美元，这就是一个财务的衡量。

我曾在北京买过一套房子，购买时的房价总共是 127 万元，后来我把这套房子以 200 万元的价格卖掉了，我到底赚了多少钱呢？通过简单地计算，就可以立刻得出我应该净赚了 73 万元。但我要告诉大家的是，当初买房的时候我向银行借了贷款，总计贷款额为 20 万元。我用借来的 20 万元为房子付了首付款，最后在房子卖出后净赚了 73 万元。这次买房卖房的经历隐藏着一个非常好的财务理念，用 20 万元撬动了 73 万元的盈利，我的股东回报率是三倍以上！

由此我们得出，在日常工作中有一些非常好的理财案例，好的财务衡量标准就发生在我们身边。学会了这些东西，无论是对企业经营，还是对个人理财来说都很有帮助。我们应该学习用一种财务的方法去管理企业，学会用一些计算的方法来衡量和看待企业的管理。因此，一个企业经营的好或不好，其衡量标准是由数字来决定的。数字是衡量企业成功的标准，也是衡量企业经营成败的关键指标。

那么身为企业家，应该如何看待自己企业的经营呢？

有些企业家经常向我抱怨，他们所投资的某家企业，自投资到现在几年来一直都没有得到收益，仅仅是每个月从企业领取固定的工资作为生活开销。企业看似发展得越来越好，规模越来越大，但股东的内心却越来越纠结，到底当初投资和经营这家企业的目的是什么？企业经营规模的扩大只能说明企业几年来赚到的仅仅是形象的提升和发展的前景。这个时候，如果有人向你提出收购的建议，股东的内心就会开始挣扎，被收购等于把自己辛辛苦苦抚养大的孩子卖掉，这十几年付出的辛苦又该如何释怀呢？通过这个故事我们就会发现，企业家的内心对待企业经营有不同的衡量标准。

经过多年的研究，我们将企业家经营企业的类型大致归结为以下三种（见图 6-2）。

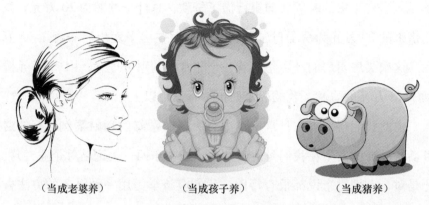

（当成老婆养）　　　　（当成孩子养）　　　　（当成猪养）

图 6-2　企业家经营企业的三种类型

第一种是把企业当成老婆养。这种类型的企业家内心的想法是，这家企业是我的，不是别人的，更不是经理人的，它是我的老婆，股权 100%都是自己的。这种类型的企业家内心对企业有着非常强烈的占有欲，企业的经营目标也将会在不知不觉中从盈利转变为占有。

第二种是把企业当成孩子养。这种类型的企业家通常会对企业加以细心抚养，希望能在未来实现老有所依。但这种类型的经营常常伴随着风险，如果企业的股权在未来被别人把控住了，有可能这个孩子就无法赡养你。此时，与前期的辛苦付出相比，企业家心里便会产生极大的落差，而这个落差也会影响到目前企业经营的想法。

第三种是把企业当成猪养。这种类型的企业家最为重视企业经营的获利标准。把企业当成猪养，猪养大养肥后将其卖掉，在适当的时候拿出去换成钱，卖出股权，拿回现金，加大投资或者重新投资实现企业经营的进一步发展。

以我多年的企业管理经验来看，国内很多企业家都含辛茹苦地将企业做大，当到了一定阶段企业规模得不到提升的时候，企业家就要做出选择，到底是像养猪一样跟别人一起把企业做大？还是像对待自己的孩子一样，倾其全部心血努力将其抚养成人？或是紧紧抱在自己怀里当老婆来占有？

> 老板应该把企业当儿子来养，当猪卖。
>
> ——朱新礼

这时，企业的发展标准必须要有一个统一的指标来加以衡量——企业的股东回报率。股东回报能不能弥补当初所付出的心血，能不能弥补当初资本投资的风险，能不能达到最初财富投资的积累速度？这些指标都可以拿来作为企业经营的考核标准。但衡量一位企业家成功与否的标准只有一个，这就是股东回报率，即你用多少钱赚取了多大的股东财富。

6.1.2 股东回报率

基于这样一种思考，在企业发展过程中遇到问题的时候，衡量才会落到实处。从这个角度来讲，企业家的成功实际上是追求股东回报率的成功。

为什么今天有些企业会在错误的道路上越走越远？因为它们只关心营业额，为可观的营业数字而沾沾自喜。

为什么有的企业会发生成本过度？因为它们只关心利润，从不在乎企业的运营成本，比如水、电、管理费用等。

为什么我们要最为关注股东回报率呢？

案例 6-1

应当做哪个行业——股东回报率经营比较

有一位企业家曾在我的课程中分享了他的经营故事。在认识我之前，他曾一度认为他所经营的行业股东回报率很低。这个时候有人就告诉他，你去投资经营另外一个行业吧，两年就可以收回成本。顿时，他觉得这个建议很好，马上将 2 000 万元的资金投进了朋友所介绍的企业中。

直至他在课上听到了我的讲解才恍然大悟，课后马上跑来告诉我，发现还是原先经营的行业股东回报率更高。他原来所在的行业是市政建设，工程项目经营只要一次投入 500 万元的资金，2 年就能赚到6 000 万元。但自从他经营了朋友提议的行业后，因在该行业投进了将近 2 000 万元的资本一直没能拿回收益，资金短缺的他迄今为止已经丢掉了原先经营的三个工程项目。

他的故事具有一定的代表性，有些企业家明明自己捧的就是金饭碗，反而却认为别人的更好，这就是没有用股东回报率来衡量企业经营。

那股东回报率到底是什么呢？

股东回报率是股东投资的盈利水平，是股东投资的价值，是股东赚钱的投入产出比。有些企业家说，股东回报率只是对于上市公司而言，我做的生意并不大，还达不到上市的规模，不用关注股东回报率。在这里我要告诉大家，即使目前你经营的只是一家小店，同样要关注你的投资回报率！

股东拿出钱来投资到企业中就形成了股东权益，最终公司将经营实现的利润分配给股东。用股东分得的利润除以股东权益，就是股东回报率。

$$股东回报率 = \frac{股东利润}{股东权益}$$

股东回报率说明了股东每投资 100 元，在一年内能获得的回报额占投资额的比例。这个比率能够充分地表现企业投资的质量，同时也表现出企业的盈利水平和产品市场对资本市场的回报。

那么，如何才能更好地把握股东回报率呢？

如果将企业比作一部车，我们先来分析应该如何做才能把这部车开得更好。

现在有很多人都拥有自己的私家车，开车到底难不难？如果你会开车，当然就不觉得难。但不会开的人就会说，好像挺难。如何能把如此大的一个家伙驾驶得游刃有余呢？这就需要一段时间的实战训练。只有经过训练，驾驶员才能掌握最基本的开车技能。

在开车的过程中，总有几个动作是需要驾驶员特别注意的——踩油门、刹车、离合器挂挡，还有一个最重要的把好方向盘（见图 6-3）。

如果我们把一个企业比作一辆车，开车的时候首先要把好方向盘。如果方向盘把不好肯定会出事，尽管你开着一辆性能很好的车，仍会

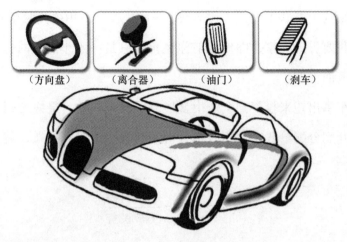

（方向盘）　（离合器）　（油门）　（刹车）

图 6-3　企业开车示意图

有掉下悬崖的危险。因此，前景再好，方向不稳，企业同样是做不好的。这就要求企业的领导者要能控制住方向，把握住未来，一定要清楚到底要达到什么样的目标。

当前的很多企业家都在试图努力向他人表述自己的企业正在做什么，但在此我要告诉大家的是，做什么不重要，要什么更重要！在把好方向盘以后，接下来的动作就是启动油门将车子开动，这其中还需要离合器的挂挡配合，更需要在开车的过程中有刹车保险，我们把这三个动作称为企业经营管理的三根控制杠杆。

6.2　撬动企业业绩的三根杠杆

在开车的过程中，股东回报率实现的是需求和代价之间的平衡，是企业经营的方向盘，加之三根控制杠杆的适时配合，企业就能在正确道路上不断前进。

通过这三根控制杠杆，我们就会知道钱从哪里来，到底企业用了多少代价换取了多少利润，这是企业经营最重要的因素。

我曾在前文中讲到，股东权益是股东的最初投资，虽然股东权益看似在整个企业的经营活动过程中几乎不发生任何变化，但它所产生的股东利润却比较复杂，很值得我们推敲。

股东利润是企业的总利润，它是在经营过程中产生的，是经营活动的结果。总利润来源于总的营业收入，而营业收入的产生需要总资产作为保障。我们要想仔细推敲股东回报率，就要好好研究企业的总营业收入和总资产。

我们从股东回报率的公式开始对其先做一个拆分，大家看下面这张图（见图6-4）。

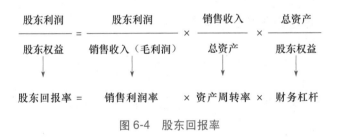

图6-4 股东回报率

销售利润率，是企业最终的股东利润除以总的销售收入。

资产周转率，是企业实现的销售收入和产生销售收入的总资产之间的比值。

财务杠杆，是企业的总资产与股东权益的比值。这个公式既有趣又形象地表示出公司用多少股东权益撬动了公司的总资产。在企业的总资产中，一部分是股东权益，另一部分是借款，也就是债权人权益。

相关公式如下：

$$销售利润率 = \frac{股东利润}{销售收入(毛利润)}$$

$$资产周转率 = \frac{销售收入}{总资产}$$

$$财务杠杆 = \frac{总资产}{股东权益}$$

因此，我们要对股东回报率进行分析，需要先将其分成三个决定要素后，再做详细研究。

6.2.1 市场控制杠杆

第一个控制杠杆我们把它叫作油门，也就是市场控制杠杆——销售利润率。这是企业经营的基本指标：

$$销售利润率 = \frac{股东利润}{销售收入（毛利润）}$$

假如有一家图书出版公司，销售利润率是 20%。你感觉该企业的经营如何呢？

我相信很多企业家都认为 20% 的销售利润率非常好，这说明每有 100 元的销售收入，股东就会赚进 20 元。这 20 元是实现的销售净利润，而不是销售毛利润，企业经营能有如此高的回报已经很不错了。

但有的企业家说，这不能算好，说这句话的企业家是做软件经营的。我在前文曾跟大家探讨过，在种地、汽车制造和软件经营三个行业中，肯定是做软件经营的企业利润增长最快！因为它的生产成本较低，复制性很强，即使前期的投入成本很高，只要产品的销量能提高，日后其成本的分摊就会变低，因此总成本较低，利润很高。显然，20%的销售利润率对于软件经营的企业来说，绝对不算好。

因此，销售利润率是要区分行业来判断高低的。

市场控制杠杆对于小企业经营来说尤为重要。启动一部车子首先要踩油门，这是开车前最基本的保障，也是企业发展的最初阶段。缺少油门的汽车无法启动，企业经营也是如此，销售利润率要有最低的保障。

企业越小，销售利润就越重要，而且其额度还不能太低。

目前如果你所经营的企业营业额低于 1 亿元，一定要敢于提高产品的销售利润率，否则企业未来的发展就太慢了。十多年的企业管理实践让我总结出一个经验：凡是未来能够做大的企业，最初都必将跳过一个暴利的、迅速的原始资金的积累过程。我也一直强调在一家企业的 3 年创业期内，如果企业没有发展得很好，那么 3 年后企业就会一直保持原有的规模，无法再继续做大了。3 年是一个很重要的坎儿，就算企业在经营之初是亏钱的，也只能亏 3 年。因此，创业期是一段非常重要的时期，在此期间，销售利润率的提高对企业未来的发展具有非常重要的意义。

6.2.2　管理控制杠杆

第二个是管理控制杠杆，它的作用相当于汽车结构中的离合器。

管理控制杠杆实际上是看资本代价的，也就是企业的资产周转率。

$$资产周转率 = \frac{销售收入}{总资产}$$

资产周转率表示的是企业用了多少资产，产生了多少销售额。这就是企业的管理控制杠杆。

管理控制杠杆实际上影响着企业的管理水平和盈利模式。用什么方式去经营，用什么方式去生产，都将涉及管理控制杠杆。

我在前文曾讲过，资产并不是越多越好，关键要看资产的利用情况。因此，资产周转率就是资产利用状况的最佳体现。这一比率的数值越大，说明资产的利用能力越好。

案例 6-2

如何经营餐饮店——不提高投入的利润增长

关于这一点，经营餐饮行业的企业家深有感触，因为餐饮业经营中非常关键的一个指标就是翻台率（即每张饭桌在一定用餐时间内被客人使用的次数）。翻台率用财务的语言来说，就是资产周转率。

作为餐饮企业的经营者，如何才能提高翻台率呢？

有的企业家说，如果是我在经营，首先会通过打造餐厅的饭菜特色来吸引顾客；其次将餐桌合理布局，争取在有限的空间内安置最多的餐椅；再次就是提高上菜的速度。

也有企业家说，直接一点，提高客流量！那么如何提高客流量呢？

首先，客单价要低。客单价即餐厅的人均消费水平。人均消费水平低并不意味着饭菜要很便宜，这取决于餐厅对顾客的定位。客单价低，自然能吸引更多的顾客前来光顾，但是顾客来得越多是不是就意味着周转率越高呢？答案是否定的。还决定于餐厅的上菜速度！从提高周转率的角度来讲，就要上菜速度快，就要尽量撤掉那些做起来麻烦、上起来慢的菜品，从而提高餐厅的资产周转率。

资产周转率是个管理指标。很多企业的销售利润率很高，但还是不赚钱的原因就在于这一管理指标没有做好。

下面，我还是以餐饮业为例来说明这一点。从管理上来讲，要想把餐饮企业经营得好，首先要增加厨师的数量。厨师多了，做好的菜就多了，上菜的速度就会更快；其次适当下调那些经常被顾客点到、需求量多的菜品价格；再次将餐厅酒水的价格稍稍上调，鼓励消费者多吃菜少喝酒，翻台率自然也就提高了。

刚才是教给大家如何去找答案，但更重要的是训练大家的思维习惯，沿着一个点把问题由表及里做深入分析。

有的企业家读到这里，可能会有一个疑问：固定资产占很大比例的企业，一方面要提高利润率，另一方面要兼顾资产周转率，这不是相矛盾吗？其实这并不矛盾，在股东利润和总资产不变的情况下，销售利润率越低，总资产周转率越高；销售利润率越高，周转率可能就会降低。身为企业家，需要使这两个指标在企业运营中达到一种平衡的状态。

画龙点睛

　　管理最高的境界，实际上就是在企业管理各方面之间找到平衡。

6.2.3　财务控制杠杆

　　第三个是财务控制杠杆，我们将其称为企业的刹车系统——财务杠杆。

　　从财务杠杆的公式来看，总资产在上面，企业的股东权益在下面，它代表着企业花了股东多大的代价去撬动了多大的资产。

$$财务杠杆 = \frac{总资产}{股东权益}$$

　　我们在前文分析过，财务杠杆是提高股东回报率的一条捷径。我们先来看一个案例。

案例 6-3

2007 年度 11 家上市公司——股东回报率比较

　　虽然这 11 家上市公司所属的行业不同，但股东回报率是可以跨行业做比较的。

　　通过表 6-2 我们可以看到，苏宁电器的股东回报率（ROE）最高！东方航空排名第二。有些人在看到东方航空有如此高的股东回报率后非常吃惊，因为大家都知道从各方面的资料来看，东方航空一直是在亏损的。但通过仔细研究不难发现，东方航空的财务杠杆作用力非常大，其总资产和股东权益的比率是 23∶1。也就是说，股东只做出了 1元钱的贡献，而债权人贡献出了 23 元。虽然这有些让人难以置信，但由于东方航空属于国有企业，其享有的待遇自然是一般的民营企业享受不到的。

表 6-2　11 家上市公司的股东回报率（ROE）比较

上市公司	ROE（%）	股东利润/销售收入（%）	销售收入/总资产	总资产/净资产	股东利润（千万元）	销售收入（千万元）	总资产（千万元）	净资产（千万元）
中国银行	13.24	31.12	0.030 1	14.115 0	5 623	18 067	599 555	42 477
万科地产	16.55	1.36	3.549 3	3.418 7	484	35 527	10 009	2 928
华能国际	13.00	11.89	0.412 9	2.648 3	600	5 043	12 214	4 612
东方航空	20.49	1.35	0.648 3	23.452 6	59	4 353	6 714	286
中国石油	19.87	16.12	0.840 0	1.467 6	13 457	83 504	99 409	67 737
杉杉股份	7.21	5.16	0.557 2	2.506 4	11	218	392	156
TCL	11.38	1.01	1.890 8	5.941 9	40	3 906	2 066	348
宁沪高速	10.19	30.15	0.204 7	1.651 2	160	531	2 594	1 571
七匹狼	8.55	10.12	0.602 2	1.402 2	9	88	146	104
苏宁电器	31.69	3.65	2.474 0	3.510 2	147	4 015	1 623	462
澳柯玛	-129.12	-33.91	0.623 5	6.107 8	-56	164	263	43

从表中我们还可以看到，中国银行的销售利润最高，其数值为31.12%，另外它的财务杠杆作用力也很强，其数值为 14.115。实事求是地讲，这让一些身处传统企业的企业家非常羡慕。虽然中国银行的资产周转率很低，数值仅为 0.030 1，但它利用高财务杠杆来经营，最终也实现了很高的 ROE 值。

综上分析，从表中各项数值的整体分析来看，垄断性行业的企业经营都很好。垄断性企业例如沪宁高速、中国银行，其销售利润率都比较高。而在纯市场化经营的环境中，市场化程度越高，企业的销售净利润越低，比如苏宁电器、杉杉股份、TCL 等企业。同时，我们也看到苏宁电器的销售利润率虽然只有 3.65%，但是它的资产周转率却高达 2.474，因此最终获得的股东回报率也很高，为31.69%。

也许有的企业家会问，有没有一个行业，销售利润率和资产周转率都很高呢？如果有的话当然好了！但我们要知道，一切事物都不是完美的，如果真有这样的一个好行业，竞争对手一定会蜂拥而至，市场竞争自然也会异常激烈。但如果企业的销售利润率和资产周转率都很低，那么企业距离清算的日子也就不远了。

一般来讲，销售利润率和资产周转率是反向搭配的，就像上述表格中的万科地产和中国银行。这两根杠杆的作用力总会有一个强、一个弱，这是什么原因呢？这是因为垄断性高的行业，一般的企业进不去，其垄断程度越高，资产周转率就越低，但最终的股东回报率却很高。

还有一个特殊的现象，东方航空的销售利润率和资产周转率都比较低，但其股东回报率却依然很高，这源于它的高财务杠杆，而一般的民营企业只能对此望洋兴叹。

另外我们还发现，在企业规模相差无几的情况下，股东回报率也会千差万别。这源于同行业内的激烈竞争，竞争也是股东回报率存在差异的关键因素。

企业家们在管理企业的时候，尽管其经营所在的行业不同，但都需要从这三个地方入手，即上文所讲的股东回报率的三要素，尤其是前两个要素——销售利润率和资产周转率。拿刚才餐饮业的例子来说，经营快餐业务的餐饮店，其销售利润率比较低，但因为它的资产周转率很高，所以最终的股东回报率也很好。即便是一家高档经营的餐厅，假设其人均消费为 600 元，即使每天只有一桌顾客光临也没有关系，资产周转率低也没有关系，因为凡是前来消费的顾客都是具有一定经济实力的，该餐厅的销售利润率依然会很高。

这就是我们为什么要详细分析股东投资收益的原因，因为它是企业效益管理的导向。

⭐ 珠海拾贝，史老师财务语录

- 股东回报率是什么？是股东投资的盈利水平，是股东投资的价值，是股东赚钱的投入产出比。

- 资产并不是越多越好，关键是资产的利用情况如何，因此资产的周转率是越高越好。

- 对于一个普通的企业来说，财务杠杆是要建立在前面两者的基础之上的，因此企业的财务杠杆就需要谨慎的平衡，谨慎的使用。

第 7 章

磨刀不误砍柴工——提高销售利润的七条途径

📝 **案例导入：耐克和李宁的销售利润率比较**

我们来比较一下耐克公司和李宁公司的销售利润率。

从图 7-1 和图 7-2 中我们可以看出，李宁的销售利润率是呈逐年稳定攀升的趋势。2006 年，李宁公司的销售利润率是 9.27，已经超过了耐克公司的 9.14。在李宁公司销售利润率数字稳定攀升的背后，隐藏着哪些含义呢？

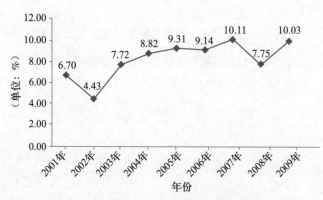

图 7-1　耐克公司 2001~2009 年的销售利润率

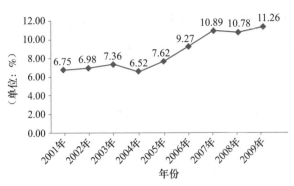

图 7-2　李宁公司 2001~2009 年的销售利润率

本章内容要点如表 7-1 所示。

表 7-1　本章内容要点

内　容	摘　要
提高毛利润的产品组合	1. 对敏感型产品与不敏感型产品要区别定价
	2. 普销性产品与利润型产品的配合推广
提高企业竞争力的六大因素	1. 形成客户驱动
	2. 瞄准目标，锁定客户群
	3. 建立差异化的竞争优势
	4. 客户反应速度
	5. 善于倾听客户的声音
	6. 注意价值体现

　　销售利润率既反映了企业的定价策略，又反映了其成本控制能力。它涉及企业的毛利率、收入的税率以及利润表中的其他项目。通过销售利润率，我们还应该看到另外一个指标，那就是毛利率。

　　毛利率和销售净利润有着密切关系。毛利率是不包含管理成本的数字，当企业家在管理企业销售净利润的时候，若看到销售净利润降低了，应该先对企业的毛利率进行分析。如果企业的毛利率并不低，则问题就出在管理费用方面，这可能是因为管理费用太高了。

说到这里，也许有的企业家会问，销售利润率到底受哪些因素的影响呢？概括来讲，它会受到七个因素的影响。

7.1 毛利润和毛利率

案例 7-1

餐饮型酒店经营——毛利率和总利润的关系

有位企业家朋友经营一家餐饮型酒店。这是一家主要面对大众消费的餐厅，前来消费的顾客大多是周边的居民。这家酒店的经营面积是2 000平方米，人均消费在50~65元之间，目前每个月的总营业额有100万元，毛利润为52万元，毛利率是52%，净利率在12%~13%之间。

通过上述资料来看，该餐饮型酒店的人均消费在50~65元之间，这说明酒店的产品价格定位较为便宜。一般餐饮型酒店的毛利率在50%~65%之间，这家酒店52%的毛利率并不算很高。以12%的净利率来看，若想提高餐厅的净利润，在毛利率无法提高的情况下，提高产品的营业额将是不二的选择。

那如何提高营业额呢？这家酒店的卖点是产品的价格，而不是服务。因此，产品定价是决定企业经营利润增长的重要方面。假如顾客的人均最低消费上升到200元，那它就是靠档次在经营了。这家餐厅目前的产品定价给顾客传递了一个信号——酒店的某些菜品价格实惠又好吃。

这就是在无法提高毛利率的情况下，提高总利润的方法！

毛利润和毛利率的问题，实际上是企业如何通过提高经营水平来提高销售利润率的问题。

在这里，我将通过这个案例为大家说明量和价的关系。在上述餐饮行业的案例中我们得出一个结论，即可以通过提高营业量来增加企业净利润。

知识链接：毛利率

毛利率是毛利润与销售收入（或营业收入）的百分比，其中毛利润是收入和与收入相对应的营业成本之间的差额。用公式表示：

毛利率=毛利润/营业收入×100%
　　　=（营业收入–营业成本）/营业收入×100%

同样我们也可以通过产品组合来提高企业净利润！

案例 7-2

华龙方便面组合营销——提高产品整体盈利

华龙方便面通过针对不同的客户市场采取区域产品组合策略，在方便面销售市场上雄霸一方。

我们从以下几个方面来看（见表7-2）。

首先，从产品价位来分析。华龙方便面有低价位、中价位和高价位三档产品，从定价上看，这样的区分首先是考虑了不同客户对产品价格和产品价值的需求。老百姓往往讲求一个实惠，在对产品的选择上更加注重价格因素；而有些客户更加注重产品的价值，这些客户往往讲究"一分价钱一分货"的价值导向，在选择产品的时候更注重高价格的方便面所带来的价值感。

表7-2　华龙方便面产品组合策略

地域	主推产品	广告诉求	系列	规格	价位	定位
河南	六丁目	演绎不跪（不贵）	六丁目 六丁目108 六丁目120 超级六丁目	分为红烧牛肉、麻辣牛肉等14种规格	低价位	目前市场上最低价位、最实惠的产品
山东	金华龙	山东人都认同"实在"的价值观	金华龙	分为红烧牛肉、麻辣牛肉等12种规格	低价位	低档面
			金华龙108		中价位	中档面
			金华龙120		高价位	高档面
东北	东三福	核心诉求是"咱东北人的福面"	东三福	红烧牛肉等6种口味，5种规格	高价位	高档面
			东三福120		中价位	中档面
			东三福130		低价位	低档面
	可劲造	大家都来可劲造，你说香不香	可劲造	红烧牛肉等3种口味，3种规格	高价位	继东三福130之后的又一高档面
全国	今麦郎	有弹性的方便面，向"康师傅""统一"等强势品牌挑战，分割高端市场	煮弹面 泡弹面 碗面 桶面	红烧牛肉等4种口味、16种规格	高价位	高档面系列，以城乡消费为主

资料来源：张立森.华龙面产品组合策略分析.中国营销传播网.2004年9月10日。

其次，从产品系列上来看。方便面的品类和规格在不断增加，给消费者一个充足的选择空间。顾客的选择增加了，在购买产品的时候才会有比较。当他发现品种丰富的方便面能给自己带来更多的享受时，就会购买多种系列的产品。这就避免了单一产品销售给客户带来的购买强迫感，从而找到一种上帝的感觉。

因此，利用产品组合来提高毛利可从以下两个角度来考虑（见表 7-3）。

表 7-3　提高毛利的产品组合

产品组合	要　点
对敏感型产品与不敏感型产品要区别定价	敏感型产品价格要具有竞争力 不敏感型产品价格则可以定得较高一些
普销性产品与利润型产品的配合推广	普销性产品提升企业的知名度 利润型产品保持较高的盈利水平

（1）对敏感型产品与不敏感型产品要区别定价。敏感型产品指的是那些客户很容易通过比较来辨别其售价高低的产品；不敏感型产品如产品服务等，是客户不注意或无从比较的产品。敏感型产品价格要具有竞争力，不敏感型产品价格则可以定得较高一些。多年前我曾买过一台名牌笔记本电脑，多家询价下来，自认为买价很划算。但不久后就因为受到网络病毒的侵害，导致笔记本电脑的系统发生紊乱，电脑原程序需要重新安装才能恢复。当我将其拿到该品牌的售后服务店去维修的时候，其服务商如同狮子大开口一般，在我身上狠狠地赚了一笔。此时，我才真正理解为什么之前看到这家公司的服务收入占其利润的比例超过 50%。实际上，类似家乐福、沃尔玛等大型超市，对消费者日常所关注的敏感性产品，如洗衣粉、啤酒等，其定价绝对是很低的，而其他类型的产品价位跟其他卖场相比略微持平，甚至略高。但大多消费者则会认为大型超市销售的所有商品都是最便宜的。

一般来说，产品在市场中的销量是呈金字塔型的，越往上，产品价格越高、质量越好、销量越少；越往下，产品价格越低、质量越差、销量越大（见图 7-3）。产品越处于低层就越容易被淘汰，因此，出于保住销量和利润的需要，可以通过产品种类的多样化来实现盈利。例如，在很多企业经销产品的时候，当 A 型与 B 型两种产品的差价较大，档次间隔也较大时，引进或补入一个 C 型产品弥补这一空档，就可以增加企业的毛利润。虽然，我们引入 C 型产品可能会分流原准备选择 A 型产品的客户，也会花

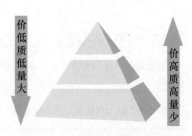

图 7-3　产品在市场中的销量一般呈金字塔形

费推广的精力，但这样做是值得的。产品呈组合阶梯状，既能满足不同层次客户的要求，也能使企业产品的更新趋于平稳，不会因一个产品的淘汰而使总销售量下滑，以至于影响公司的整体利润。

（2）普销性产品与利润型产品的配合推广。无论是何种类型的企业，在做好专业性服务的基础上，也需要在产品系列上做好配合。首先需要有普销性的产品（即毛利率不高，销售量较大的产品）。通常这些产品的市场认知度较高，这可以提升企业的知名度。

画龙点睛

　　一个公司的生存基础不是产品的销量，而是拥有较多稳定的客户群。

用普销性产品来抓住客户，赢得客户较高回头率的同时，把这些客户稳定住，未来就不愁找不到盈利的机会。因此，普销性产品可以

以较低的毛利润来成交。实际上，普销性产品往往更能够节约销售费用和管理费用。

但公司要想保持在一个较高的盈利水平上，还需要利润型产品的配合。这些产品可能发生的销量并不大，但因其毛利率较高，最后实现的产品毛利润不低。在这个问题上，我们更需要关注各个系列产品的总毛利润，而非单位毛利率。

假如单件产品的毛利率无法提高，我们可以通过分析市场上客户的不同需求，在市场中很好地找出产品组合，使之能跟客户的需求相契合，以此来提高销售的总利润，这就是产品组合定价方式的最终结果。企业通过优化产品组合，可以提高总的毛利率，进而提高营业额，增加净利润。

7.2　定价水平与市场定位

案例 7-3

奔驰的市场挑战——如何避免价格战

丰田公司于 1985 年出产了一款高档车型，名为雷克萨斯。20 世纪 90 年代，丰田为了抢占美国的高档车销售市场，发动了一次价格战。丰田打出了一则广告，其寓意为："同样的享受，一半的价格"。这实际上是针对奔驰车的原有市场发起了攻击。这个时候，假如你是奔驰车美国公司的总裁，该如何做出反应呢？

基本上来说，你无外乎有三种选择。

第一种是不理不睬。

第二种是反向还击。

第三种是回避竞争。

说句实在话，当雷克萨斯的这则广告打出来价格策略和市场行为做出以后，奔驰车在北美的豪华车市场确实受到了一定的冲击，有相当一部分对价格敏感的客户群体已经出现了转移，奔驰真实地感受到了来自丰田的压力。

到底应选择哪种战略直面丰田的竞争呢？很多人从价格角度来分析，往往会采取国内某些企业面对竞争时的一些做法，即正面出击，你降我也降；或者采取另外一种给客户送礼的方式，靠优惠来诱惑顾客再回头。

但是当我们在今天再次讨论这个问题的时候，应该跳开定价看市场。产品的市场组合呈金字塔形，产品的客户群也随之分布在不同的层级上。作为奔驰车的高级经理人，他应首先对奔驰车的顾客定位做出分析。奔驰车的顾客定位是高端客户，在雷克萨斯的强势攻击下流失掉的那部分客户，一定是对价格较为敏感的。他们口袋里的钱还不够多，对高档轿车带来的享受也不够重视。基于这样的分析，奔驰公司的总裁需要考虑的是保持原有的定位水平，还是也"以价还价"挽留流失的客户群。在我看

不要太在意别人怎么看，或者别人怎么想；别人如何衡量你，也全在于你自己如何衡量自己。

——左伊默

来，不要对雷克萨斯抢走的客户强加挽留，只有牢牢锁定现有留下的客户群，才是奔驰车制胜的关键。奔驰车的美国区总裁在对客户群进行定位分析后，采取的方法是将奔驰的价格上涨15%。随后奔驰打出了一则广告：唯有奔驰才是高档的享受！这个明确的广告宣言固化了奔驰的产品定位，甩掉了那些对价格敏感的客户群。

这个策略不但使当年的奔驰车在美国市场的销售量没有下降，反而增长了6.7%。奔驰不仅稳住了自己的目标客户，同时还取得了客户的忠诚度与公司盈利两个方面的成果。

案例 7-4

买房子应该买什么？——买邻居啊

我曾经买过一套住房，在居住过一段时间之后，我渐渐发现原来居住在我家周围的邻居都搬走了，接着就有了一批新的邻居搬了进来。有一天我回到家里，太太对我说，我们搬家吧！我问为什么？她说，我们住的公寓房档次也不低，可楼下新搬进的住户竟把家里刚刚用完的拖把放在了公共走廊上，弄得满地脏水。而且，这栋楼里的很多公共设施都被损毁了。

经过慎重考虑，我们决定要搬到一个更高档的社区居住。刚入住不久，一位朋友摁响了我家的门铃，手里还拿着些许糕点作为礼物，还说着请大家日后相互关照的客气话。半年以后，我们家的门铃再次被摁响，这次是另一位朋友，他还带了两瓶酒给我，说这是作为邻居的见面礼。过了一段时间太太很感慨地对我说，自从搬到这个社区居住后，从未发现过公共设施被损坏的情况。

在我们每个人的心里，都希望自己的生活水平和居住环境能够更好。买高档房的人往往更在乎的是未来居住的小环境和大环境，买房子实际上买的是周围的邻居环境，跟什么样的人在一起生活才是高端客户买房的关键因素。

之前我们搬家是因为发现周围住户的生活水准在下降，使我们对居住环境的定位有了不匹配的感觉。搬到新的小区后，我们发现住在这里的人都具备很高的素质，公共设施都是干干净净、完好无损的。因此，卖房实际上要先对客户做出定位分析，要让客户意识到买到更高价的房子，住进更高档的小区，就能享受到更高级的服务。

因此，产品的定价水平跟销售利润率、销售量、产品定价有关，但更重要的是跟市场定位有关。产品的定价水平跟企业在整个市场中的竞争定位契合度越高，企业的利润率就越高。随后再去开拓高端市场，定位高端价位也就显得顺理成章了。

但同时我们也看到，同样一种产品的价格也有高有低，这其中还受到另一个因素的影响，那就是品牌！

案例 7-5

采购部经理的选择——品牌的价值选择

假如你是公司的采购部经理，公司因工作需要采购一批笔记本电脑。在购买之前，我们肯定要先做一番市场调查。经过对比分析，有三款电脑产品可供选择（见表 7-4）。

表 7-4　三款电脑产品

三类电脑	区　别	
	价　格（元）	其　他
普通产品	3 000	批量采购更便宜、质量三包
联想电脑	6 000	名牌、质量三包
IBM 电脑	10 000	国际名牌、质量三包

这三款电脑都有质量保证，其配件制造加工厂都是同一个，表面看上去唯一的差别就在于电脑的品牌不同。假如你是采购部经理，这个时候你该如何选择呢？

当我带着这个问题去问企业家朋友时，得到的答案也不尽相同。有人说选报价最低的那一款，因为采购的成本低，老板或许还会赞赏他为公司节约了成本；也有人说选联想的，这既是一个有品牌的产品，又有质量保证，性比价相对较高；还有人说要区别对待，根据每个职员在公司中所处的工作岗位不同，采购不同品牌的电脑。每个人都有自己的想法，答案也千差万别。但当我听完这些回答得出一个结论，做出上述回答的企业家们大多都没有担任过采购部经理，缺少实践就无法设身处地地想象如此采购的后果。

假如你所采购的是不知名的品牌，一旦电脑在使用中出现了问题，大家首先会想到要让采购经理来承担责任。但如果选择的是 IBM，一旦电脑出现了问题，大家就会说这是 IBM 电脑本身的问题。这就表明只要你选择了 IBM 电脑，出了问题无须个人承担责任，这就是品牌的价值。

当今国内的很多企业以为给产品贴上一个标签就是名牌了，甚至还找来专门的机构来授予，这种行为简直是笑谈。名牌之所以被认定是名牌，关键在于消费者内心对产品的认可，而不是由谁或哪个机构评出来的。但在当今的社会我们仍会看到，几家稍有名气的公司为了所谓的世界名牌、中国名牌的认证，争先恐后地申请保护、举办授牌仪式等，这些行为屡见不鲜，这实际上是企业在不成熟的市场发展阶段才会有的行为。

全世界没一个质量差的产品仅靠便宜的价格能够长久地存活下来。

——徐世明

品牌实际上是满足消费者心理感受的一个理由。产品一旦打出高知名度，就可以定位高价销售，只要消费者愿意为这种高兴和内心的愉悦多付钱，品牌的价值就会实现。否则，品牌就不叫品牌，只能叫作有名字的牌子！

很多女生都喜欢 LV 的品牌包，但是这个牌子的包价格都很高，动辄要花费几千元甚至上万元！那么，LV 的品牌包与普通商店卖的包究竟有何不同之处呢？我相信大多数女生都会告诉我，当然是不一样的，她们背起来时的内心感觉不一样！人们是为了更好的感觉才接受了它的高价，这种效果唯有品牌才能达到。

因此我们可以发现，所有的品牌最终都落脚在以下两个方面：第一，要勾起消费者购买的欲望；第二，让消费者愿意为你的品牌付钱，这才是最重要的。

任何一件产品都有一个敏感度，往往普销性产品对市场价格的敏感性高，品牌则是降低消费者对价格的敏感度，推动高定价实现高利润的催化剂。因此，我们不但要有价格竞争，还要有价值竞争！这可以为客户提供更多的服务，得到最大客户的稳定盈利。

面对如今异常严峻的经济形势，当企业日趋感受到来自市场上的价格压力时，一定要反思原有的客户能否接受

> **知识链接：品牌**
>
> 在《牛津大辞典》里，品牌被解释为"用来证明所有权，作为质量的标志或其他用途"，即用以区别和证明品质。
>
> 随着时间的推移，商业竞争格局以及零售业形态的不断变迁，品牌承载的含义也越来越丰富，甚至形成了专门的研究领域——品牌学。

目前的降价策略。如果仅仅是为了实现销量的提升而把价格压得很低，就会让消费者感觉厂商以前好像是多赚了。因此，并非所有产品的定价越便宜越好，定价水平与产品定位有关（见图7-4）。

图 7-4　定价水平与产品定位有关

有些企业家说，企业毛利率下降最直接的原因是由于产品的定价过低。在中国市场上，企业之间的惨烈竞争带来的直接后果是同类产

品的定价越来越趋于相同。这个时候，企业家们就要做出取舍，试着去放弃竞争激烈的大市场，找出适合自身产品的细分市场，以此来保证产品的高定价。这是因为我们发现，很多高定价的名牌商品都在一个细分市场上很好地经营着，并不是面向所有的客户推销产品。因此，我们要检讨产品的定价水平，需找准产品的市场定位，通过占有细分市场，捍卫产品的高定价。

7.3 竞争压力与竞争方式

案例 7-6

苹果的产品定位——用时尚引领功能

在美国有一家大家熟知的企业，它就是苹果股份有限公司（Apple Inc，后文简称苹果）。苹果产品的定价很高，它凭借其功能的创新和新颖的设计受到了全球用户的喜爱，世界各地都有它的追随者。苹果手机自产出后，仅用了 6 天的时间就卖出去了 100 万部。在当今手机的平均更新速度只能保持四个月就将惨遭淘汰的大环境下，为什么苹果还能实现如此高的销量？它是如何达成这一奇迹的？

苹果的成功源于它形成了错位竞争。它将我们随身携带的功能性手机变成了时尚品。当一般手机的功能竞争告一段落的时候，能否迎合时尚的需求就成为手机产品未来发展的关键。

在苹果手机的启示下，我们看到笔记本电脑原来也可以做得更薄。

最近，苹果电脑公司要将其公司改名为"苹果公司"，这一决定意味着它要从著名的 IT 电脑公司变成普通的电子公司。未来的苹果将秉承其创新和设计的理念，用时尚来增强自己的竞争优势，寻找新的盈利模式，催生更多的科技产品，从而提高销售利润率。

由此，我们深刻认识到，一个行业的竞争度越高，竞争压力就越大；竞争压力越大，利润空间就会被压缩；利润空间被压缩将会带来一个直接的变化，即行业的销售净利润率趋于平均化。

拿中国的家电行业来说，联想集团作为国内著名的家电企业，成功收购了 IBM 成为全球的计算机龙头企业。联想刚刚开始扭亏为盈，就急于向外界宣布：我们终于盈利了。但我们仍然发现，它的销售净利润率只有 1.12%，如果可以用一个词来形容，那就是"可怜"！其实联想的管理水平并不差，到底是什么原因导致其销售净利润率这么低呢？这是因为当前的电脑行业已经沦落到了这一状态，很多行业也都是如此。

画龙点睛

苹果的成功就在于产品力的加强，这也就是企业的竞争力。

比较竞争优势是什么？就是成本优势。

国内生产一部彩电的成本，要比在美国制作一部彩电便宜得多；国内制做一双运动鞋的成本，也要比他们便宜很多，这就叫作比较竞争优势。但是美国产品的品牌优势、研发能力，就是他们的绝对竞争优势，绝对优势比比较优势更能持久。

销售净利润率的高低跟企业的竞争方式有关。假如一家企业主要依靠研发新产品在市场中竞争，这时候产品的定价水平越高，销售净利润就越高。但如果采取的是以比较竞争优势参与竞争，销售净利润率则会降低。因此，我们要改变竞争方式，要把比较竞争优势转化成绝对竞争优势。

改革开放造就了国内一大批生产加工企业的兴起，当国内企业家们沉浸在欣欣向荣的繁华中时，也不要忘记中国制造是在全世界产业大转移的背景之下催生的，这样的企业目前所具有的只是比较竞争优势（见图7-5）。

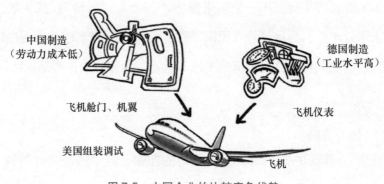

中国制造（劳动力成本低）　　德国制造（工业水平高）

飞机舱门、机翼　　飞机仪表

美国组装调试　　飞机

图7-5　中国企业的比较竞争优势

案例 7-7

波音飞机的竞争优势——全球资源创建优势

随着波音公司推出的"梦幻飞机"波音787的亮相，引发了全球民营飞机市场的新技术革命，全世界生产大组合已经成为未来企业发展的新趋势。波音飞机的生产制造分包给了 10 个国家的 43 家一级供应商，它利用世界各地的比较竞争优势来进行国际性的生产组合。在这一飞机的制造过程中，中国企业也拥有部分订单，但美国人用他们的绝对竞争优势驾驭着我们的比较竞争优势。他们看中的是中国的劳动力成本低，将技术水平不高、劳动力耗费多的飞机舱门和机翼生产交由国内企业完成；德国工业水平高，精密仪器做得好，但劳动力成本高，于是他们将飞机上的仪表、仪器生产交由德国企业来做；另有一些订单分别包给了加拿大、法国、英国、巴西和日本等国家，最后由美国公司进行组装、调试，直至出品，美国人最终赚到了更多的利润。美国公司对利润的掌握在于，他们通过在技术、研发、金融和管理上的竞争优势，驾驭着整个波音飞机在各个国家制造基地的管理，借助比较竞争优势确保自己的绝对竞争优势。

为什么国内的手机利润会沦为一片红字？就是因为我们始终没有改变企业的经营方式，也没有改变企业的竞争模式，国际化生产的产品核心研发技术仍掌握在国际跨国企业手上，而基本技术已经模块化，这就是当今国产手机制造企业被"山寨机"冲击得一塌糊涂的原因。正因为手机基本功能的模块化，仿制的"山寨机"不需要做出新的研发，只要复制最新款手机的功能和样式就能轻而易举地确认竞争地位。因此我们可以发现，当竞争压力传递之后，如果企业的竞争方式不做相应的改变，就会导致整个行业的不景气，这实际上也表明了企业竞争能力的不足。

说到竞争方式，现在很多企业多会利用"注意力经济"来参与竞争。铺天盖地的广告和推陈出新的产品平台成为众多企业竞争的法宝。

在日常生活中，我们经常可以发现这样一种现象：当你走进超市去买一听可乐的时候，面对货架上成排的瓶瓶罐罐和各色品牌，你肯定不是手足无措的，最

知识链接：比较竞争优势

比较竞争优势：如果一个国家在本国生产一种产品的机会成本（用其他产品来衡量）低于在其他国家生产该产品的机会成本，则这个国家在生产该种产品上就拥有比较竞争优势。

李嘉图认为，即使一个国家在生产成本上没有绝对竞争优势。但只要比其他国家在生产成本上具有相对优势，就可以通过生产其相对成本较低的商品去交换别国所生产的相对成本较低的商品，并因此获得比较利益。

多就在扫视一眼过后顺手拿起经常喝的可口可乐。为什么你选择了可口可乐，而没有选择百事可乐或是非常可乐呢？为什么我们总是购买习惯使用的商品，很少购买不熟悉的产品？这就是注意力在引导着客户的购买力。

在知识和信息纷至沓来的时代，为了力求在客户心目中留下最深的印象，打响产品的知名度，注意力经济无疑是最佳的选择。除了它在市场导向性上的体现，即广告打得好总比质量相近但却无名无姓的

产品卖得要好，还体现在对客户的导向性上，建立起消费者和投资者对产品或企业未来的信心。

这种竞争方式推动了企业竞争策略的转变，它使企业更加注重客户价值与客户关系的协调管理，促使企业的经营由规模化向专注化转变。在此基础上，笔者总结出提高企业竞争力的六大因素。

知识链接：注意力经济

著名的诺贝尔经济学奖获得者赫伯特·西蒙在对当今经济发展趋势进行预测时指出："随着信息的发展，有价值的不是信息，而是注意力。"这种观点被IT业和管理界形象地描述为"注意力经济"。注意力经济向传统的经济规律发起挑战，认为经济的自然规律在网络时代会产生变异，传统经济的主导稀有资源由土地、矿产、机械化设备、高科技工厂等物质因素转变为"注意力"。

引用

"夜郎之争"争什么？

湖南新晃侗族自治县 16 日宣布，将斥资 50 亿元人民币打造"夜郎古国"。"造国"行动正在唤起一场遗址之争。首先回应的是贵州，贵州方面称该省一直将"夜郎"当作他们当仁不让的文化品牌，而且早有本地专家研究指出：夜郎国首府就在黔北。事实上，围绕古夜郎的争论不只在今天，也不全在湘贵之间，多年来西南诸省也都在争夺者之列。

借助文化品牌推广地方旅游本无可厚非，但前提是品牌要真实可靠，推广者要有真情实意。不难看出，夜郎之争也和名人故里之争没有多大区别，都是由政府主导，借助古人的名义炒作旅游，表面看起来争的是文化，实际上是利益和政绩。只是，在没有定论的情况下，各地打着"夜郎遗址"的名号大兴土木、制造人为景点，这些直接或间接靠花纳税人的钱打造的假古董、伪文化真能够招揽游客吗？而一旦产生不了经济效益，将来是否该有人买单？

资料来源：中国青年报。

1. 形成客户驱动

客户永远是最重要的，他们是企业的利润来源。注意力经济要求企业想尽一切办法将客户的注意力转移到自己所生产的产品上来，将客户的要求变成产品的推动力。大策略及重要策略应顺势而为，小策略要因故而变。在大局面上看市场，在小战术上看对手，最终使自身产品与竞争对手形成差异，提高企业在竞争中其目标客户对产品的关注。

2. 瞄准目标，锁定客户群

锁定客户群尤为重要。它要求先对客户的类型做周密、细致的需求分析，再把需求分散出来形成书面化的材料。同时企业设立市场部，设计营销的语言模式和推销方法，并不断总结出成功的经验，为目标客户群设计独特的产品语言。

画龙点睛

成功是设计出来的，而不是误打误撞碰出来的。

国外有家房地产代理公司，每位售楼小姐会有 2 万条应对客户提问问题的标准回答，而这些都是在日常的实践中总结出来的。一个不断获得成功的人，一定是具有总结意识的人。企业家要学会对目标客户群归类，并勤于将他们的需求找出来。

3. 建立差异化的竞争优势

江苏省南通市市中心商圈拥有文峰、金鹰、百货三家大型商场。由于刚开始几家商场的顾客定位相似，终于在某一年爆发了激烈的商战，而该事件的导火索是文峰大世界的价格战。几场战争结束后，三家商场经过一段时期的沉淀，逐渐分解成高档的、中档的、低档的各色店铺，并在价格上最终形成了差异。金鹰主打高档，文峰走中档，百货定位低档，此后一直相安无事。由此我们发现，如果能在自己的优势方面与竞争对手拉开距离，企业就具备了竞争优势。因此，企业提高竞争力的关键在于能不能找到比竞争对手高出一筹的因素。

4. 客户反应速度

如果企业在经营中有一项服务跟不上，客户的抱怨和投诉就会变成大问题。实际上企业经营并不难，只要能力足够，在自己的优势项目上对外形成竞争力，所有的环节都会变得强而有力。比如戴尔的直销速度就是它的竞争力。客户一旦把钱付给了戴尔，戴尔就会在 6 天之内将货送到，这其中有 4 天的时间属于快递公司，留给戴尔的生产时间实际上只有 2 天。因此，戴尔在每个环节上的时间都是以分和秒来计算的，其核心竞争力就是速度。

新经济时代不是大鱼吃小鱼，而是快鱼吃慢鱼。

——钱伯斯

用速度带动产品的高性价比，既能让客户感觉满意，又能让自己获得盈利。因此，企业要根据自身的营销能力进行梳理，从客户的一方做反向回馈分析。

5. 善于倾听客户的声音

当客户跟我们有生意往来的时候通常会比较客气而委婉地提出建议，但当生意中断或结束时他们的抱怨就不会掺杂任何顾虑。因此，企业家要学会倾听，从客户真实的声音中挖掘问题。企业只有找到经营的短板并不断修补，才能一直前进。同时，企业的各层级经理，尤其是销售经理，一定要具备刚度和韧度，经得起摔打，在客户的抱怨中提高自身的经营水准。

6. 注意价值体现

在所有的经营行为发生之前，一定要关注客户愿不愿意为我们所做的工作付钱；对任何一个产品的设计和价值的增加，都要知道客户会不会为我们所付出的劳动买单；在做任何的销售投入前，一定要先问问自己"钱什么时候能回来"。很多时候营销经理会建议说，新产品的推销将会增加客户的忠诚度，但企业家们则需要考虑忠诚度的捍卫是需要成本做支撑的。

在竞争的选择上，我们要把整个公司战略提升到竞争策略上来，然后将上述六个方面贯穿其中，将"注意力经济"提升为客户的"意愿经济"和"大拇指经济"，增强企业的竞争力，从而创造出源源不断的利润！

7.4 产品分类与市场组合

案例 7-8

理发店的销售利润率——产品组合和市场组合

有位朋友开了一间理发店，当他第一次听我说起产品分类与市场组合的时候，他提出无法理解这是一种什么样的经营方式，这和提高理发店的销售利润率有什么关系呢？

大家都知道一般情况下去理发店理发的花费大约是 25 元，这其中不包括染发、烫发等消费。因此，理发店要想赚更多的钱可能需要增加更多的服务项目，例如为前来理发的顾客推荐烫发或染发等服务。但可能有很多顾客认为染发需要的时间太长了，不愿意在此方面消费。在这种情况下，如何提高理发店的服务营销能力呢？

我在分析中发现，价格的差异恰恰说明了客户需求的不同。客户各种各样，不同人群对消费的需求也千差万别。有的顾客喜欢高档享受，而有的顾客钟爱低档消费，这就需要我们对客户进行分类，这个分类就叫作市场组合。在此分析的基础上，企业就会推出不同的产品来迎合不同的市场需求。

理发店老板可以根据理发师的不同等级定成三类理发报价：一位特级理发师，理发要 60 元；两位高级理发师，理发要 45 元；一位普通理发师，理发要 25 元。当顾客走进门，服务员就可以直接询问顾客想要选择何种价位的消费。这个方法对于理发店的经营来说，总的销售量还是那么大，但总的销售利润率却大大提高了。

案例 7-9

60 元钱和 7 元钱之差——电影院的组合享受

很多人都喜欢去电影院看电影，但有些人认为花 60 元钱去看一场电影太贵了，很不划算，还不如花 7 元钱买一张碟片在家看。那么请问，60 元钱和 7 元钱的电影内容一模一样，为什么会有如此大的价格差距呢？如何能吸引更多的人走进电影院消费呢？

电影院要跟碟片市场竞争，就要使电影院成为别人做梦的地方。人们愿意为了做梦花 60 元钱，而不是纯粹的为了看情节。现在一些无厘头的影片为什么没落了？就因为它仅仅是一个娱乐形式，而现在的娱乐形式层出不穷，打麻将、去茶馆、散步、健身……要想让顾客喜欢电影院，并愿意为之提供的服务出高价，就要做到无法取代！因此，电影院的经营要改变。

相对于碟片，有两类影片更适合在电影院里观看：一类是爱情片，几乎所有人都向往纯真美好的情感，虽然这在现实社会中已经很少见，但少见并不代表被遗忘或被放弃；第二类是科幻片，超脱于现实的幻影要么在诉说过去的历史，要么在表现未来的新奇，使人们在梦想的环境里体验超现实的感觉。基于这一分析，电影院就可以抓住观众的观赏心理，通过更多种类的产品和多功能的展现，满足客户的观赏需求，提高影院的上座率，将产品组合和市场组合结合在一起。通过推出"以点概面"，达到"十全十美"。

产品设计和分类的诀窍在于其跟市场组合的匹配程度。

尤其是在当今竞争压力越来越大的情况下，企业单一化的产品营销会越来越辛苦，这就需要用产品组合来盈利。这体现在采用一种金字塔式的市场营销方式进行产品组合，用低端产品去笼络市场中庞大的客户群，在低端产品市场拖住竞争对手并分一杯羹的同时，也要研发更赚钱的高端产品，维持企业发展中的利润，这就叫作产品组合。

7.5　产品周期与市场周期

案例 7-10

ZARA 的利润神话——产品周期迎合市场的典范

西班牙的 ZARA 在很短的时间内变身时尚引领者，成为极富竞争力的国际服装品牌，创造了年营业额超过 20 亿美元的"神话"。以下是 ZARA 的图片展示（见图 7-6）。

图7-6　ZARA 的图片展示

西班牙的 ZARA 从服装设计到加工出成品，所需的时间在欧洲仅用一周，在中国只需要 15 天。每年生产的新品多达 2 万余种，而且实现了无库存、年营业额 30 亿美元的神话。其核心理念是"快"，用快速的生产设计和对市场的快速反应来拉动产品需求。

ZARA 的具体做法如下：

（1）设计快（时装设计的精髓是：时尚的模仿者和抄袭者）；

（2）快速抓取需求，整体运作链条（为传版样，建设地下隧道）；

（3）没有库存（存货是罪恶的东西，因为它占用了利润。没有库存就是成功，通过"减量生产→绝对满足消费心理、当季打折→促进清库、绝不返单→即使某款销得火也坚持出新品"，实现零库存）；

（4）不在媒体做广告（只选择一流地段设立门店，打造最好的品牌形象，营造强大的视觉冲击力和享受感觉，较好地控制住了固定投入支出）；

（5）缩短供应链（使所有环节都有效，并节省成本）。ZARA 的显著特点是"高档不贵"——一流形象、二流设计、三流质量、四流价值。它给我们的启发是：便宜和奢华是未来社会两极分化的需求趋势。

ZARA 的成功，很大程度上得益于在新的竞争形势下对服装业本质属性的清晰把握——快速地追逐时尚，引领时尚。它在全球各地网罗极富时尚嗅觉的猎手，帮助其收集该地区现时的流行产品，由专业的时装设计师依类别、款式及风格全新改版，组成新的产品主题系列。他们还从米兰、巴黎的时装秀中获得设计灵感，当某些时尚杂志还在预告当季潮流时，ZARA 的橱窗却已经将这些内容展示了出来。此外，快速的生产供应链条，也为 ZARA 赢得了市场先机。传统的服饰品牌从产品设计到成品上架，至少需要 2~4 个月的时间，而 ZARA 在各地区专卖店货品上架的全过程最短只需 10 天！

ZARA 的经营模式值得所有中国传统企业借鉴和深思！随需而变，正是诸多中国企业在新的竞争环境中面临的最大短板。

⋯⋯

很多产品在其一生之中，既有辉煌的时刻，也有寂寥的落寞，这是因为产品的周期跟市场发展的周期息息相关。有的企业从强盛逐渐走向衰老的原因往往是一个产品吃到老，从一而终的产品追求导致其走到最后有气无力，缺少新品种的研发也就无法跟得上市场瞬息万变的舞步，缺乏产品周期的规划也就无法预料自己的荣耀在何时迸发！

案例 7-11

格兰仕微波炉的成功——市场增长带动企业发展

很多企业家都非常羡慕格兰仕的成功。很多人宣称格兰仕的成功是源于其价格战的成功，甚至连格兰仕本身都是这样说的。但事实并非完全如此，格兰仕成功的关键在于当时的市场正好需要微波炉，而它的出现正好顺应了市场的需求，使得微波炉成为多数中国家庭厨房中的必备品。这次机会将微波炉从动辄要花费两三千元的高档品，变成了现在几百元就能买到的家用必备品，格兰仕的名字也由此进入了千家万户，它的辉煌就是在这个时期被带动起来。

联想的辉煌同格兰仕如出一辙，它能做大是源于计算机的日趋普及化。当今被人们所普遍使用的计算机，已经改变了其高科技产品高高在上的姿态，成为办公必备品、办公普通品。但为什么联想在今天遇到的竞争压力越来越大？这是因为电脑的生产和需求已经被普及化了，电脑生产的毛利率和销售净利润率降低了，产品的市场需求处在了停滞时期。

由此我们得出一个结论，产品市场的高速成长阶段才是企业发展的最好时期。

成功是很难的，但失败很容易，有时候在成功的道路上多走一步就是失败。格兰仕当年就是利用成本优势打压竞争对手的，但是当它用这个手段打算进军空调领域的时候就遭遇了失败，这是由于格兰仕进入空调产业的时机不对。当它决定进入的时候，空调产品已经在市场上得以普及，其利润早就被春兰、海尔、格力等空调大户瓜分得一干二净。当年格兰仕带着 20 亿元的资金闯进空调产业圈，企图如法炮制其在微波炉产业上的成功，跟这些老手打价格战，这无疑是自不量力。

当产品的销售净利润率下降以后，实际上其市场周期还在，此时需要对产品周期做出调整，那应该是要快一点改变还是慢一点调整呢？领先得太快了有可能会行不通，但太慢了就会分不到利润，最好是领先一点点，既可以提前占有超额市场，又可以在其他人随后跟进的时候，再次分到市场上总需求量的利润，收割最后的盈利。

因此我们发现，在一个产品的市场周期里，企业利润主要来源于两方面。

一方面，来自领先的利润。

这时候企业赚取的是你有但别人没有的差额利润，企业的毛利润较高，总利润也高。

另一方面，当市场需求再度上升的时候，加大产品的生产量会获得放大的总利润。

此时需要关注的是，当市场出现走下坡路趋势的时候就要开始收割，一定要快速地囤积现金，这对保证利润非常重要。

因此，企业的产品周期和市场周期一定要相匹配，要随着市场变化对产品变化进行调整。当市场处于饱和状态时，如果企业仍想跳入分一杯羹，那么跳入的方式也应该是与众不同的。

7.6 现金销售率与销售质量

案例 7-12

英特尔的芯片——产品的地位决定盈利能力

人们经常会在电视上看到英特尔公司的广告。英特尔主营的是电脑里面 CPU 芯片的生产，并不是直接制造电脑。那它为什么还要面向电脑的终端消费者打广告呢？

这实际上是在向电脑用户传递一种意识，在用户所购买的电脑里面，只有安装了英特尔的芯片，才会具有好的品质。打广告的目的实际上是为了提高产品的推力，增加市场对产品的拉力。

在这个拉力的作用下，联想等电脑生产商明显地感受到了这种压力，就一定会在电脑组装中优先选择安装英特尔的芯片，依靠英特尔的产品拉力带动联想的产品推力。

企业的现金销售率越高，盈利效果就会越好。但问题在于，如何才能实现一个高的现金销售率呢？现金销售率跟企业的销售质量有关，而销售质量和企业所选择的市场质量、客户质量和销售能力都有关。这是一个相辅相成的问题，也就预示着，企业要想提高现金销售率，首先要改善产品的销售质量。而销售质量的提高不仅要提升产品"推"的作用，还要强化市场"拉"的作用（见图 7-7）。

图 7-7　提高产品销售的"推"力和"拉"力

"拉"的作用力就是市场对产品的需求渴望度。渴望度越高，顾客就越愿意购买我们的产品。但很多企业在产品销售出去以后，钱却收不回来。原因之一是企业在销售的过程中往往会被要求交纳一定的产品质量保证金，这实际上是客户占压了企业的应收账款。此时我们需要注意两个问题：一个是企业的外部能力，企业要选择有钱的客户；另一个是企业的内部能力，企业要提高产品品质、加强新品研发。唯有两者紧密结合，才能提高市场对产品拉力的作用。

"推"的作用力是指企业对产品的推销力。英特尔就是利用这一点，加大了电脑制造厂商对自身产品的推力。

要使产品为市场所接受，必须事先了解企业与市场的关系，将产品"推"向市场，这是企业的能动行为。同样，市场需要合适的产品来满足消费需求，这就有了"拉"的作用力，这是企业的被动选择。从实质上来说，提高销售量需要充分了解客户的需求，以最合适的产品及服务满足市场需求。因此，只要利用好自身的推力，就能增强市场对产品的拉力，从而增加终端产品厂商对企业的依附力，达到提高销售质量的目的。

画龙点睛

企业盈利的实现是靠"推"力与"拉"力相结合。

7.7 销量达成与固定成本

多数制造企业都属于高固定成本行业，固定资产占企业总资产的比例很大。这类企业在经营之初对固定资产投入很大，固定资产的成本将采用折旧的方式后续转移到产品成本中。

例如，企业将 10 亿元投资到厂房、设备等固定资产中。假设每个月有 1 000 万元的固定资产折旧费用需要摊销到产品成本中，如果每月有 1 000 台设备投入生产，那么每台设备摊入的静态成本至少为 1 万元；如果每月有 100 台设备投入生产，那么每台设备摊入的静态成本至少为 10 万元。

知识链接：盈亏平衡点

又称零利润点、保本点、盈亏临界点、损益分歧点、收益转折点。通常是指总销售收入等于总成本时（总销售收入线与总成本线的交点）的产量。以盈亏平衡点为界限，当销售收入高于盈亏平衡点时企业盈利，反之，企业就亏损。盈亏平衡点可以用销售量来表示，即盈亏平衡点的销售量；也可以用销售额来表示，即盈亏平衡点的销售额。

通过对比，我们发现单个产品的静态成本就会相差 10 倍。在产品成本中，由固定成本摊销转入的那部分成本受产品产量的影响很大。当月设备产能的利用率直接带来了产品成本的差异，而且差异幅度很大，这直接影响了产品的盈利空间。因此，许多高固定资产投资企业亏损严重的直接原因是，设备产能无法得到充分利用，开工率不足，使高额折旧费转移到有限的产品制造中，从而导致产品成本居高不下，造成产品销售不畅，生产链条恶性循环，资金周转不灵，以致企业亏损严重，走向破产。

　　一般来说，我们并不清楚企业究竟要实现多少利润才能保住成本，对企业未来能赚多少钱心里没底。但是，我们往往对自己到底能卖出多少货物可以做到心中有数。因此，我们可以做一个转换，在基本的本量利图中找到产品的盈亏平衡点（见图 7-8），计算出企业的盈亏平衡点销售量。

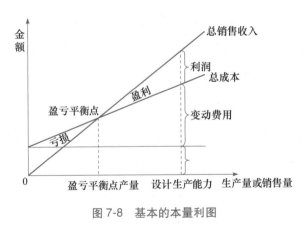

图 7-8　基本的本量利图

盈亏平衡点在经济学理论中是一个很重要的概念，我们要在经济学的理论研究中提炼出对决策有益、对生产有帮助的知识。有人说经济学与现实的企业生产经营活动是相互独立的两个圈子，彼此封闭，各行其道。但我的观点是，现代人离不开经济学，因为我们都生活在经济社会中。

经济学的理论宏大又繁杂，但实际上它的核心研究理论只有两个方面：需求理论和成本理论。

需求理论是经济学的基础，如果缺乏需求理论，经济学的大厦就会倒塌。需求变化曲线会受到产品的价格影响、消费者的规模影响、消费地域的变化影响，这是企业生存的根本，也是需求构成影响销售收入变化的基本因素。

成本理论是经济学中另一重要理论。谈成本不如谈代价，这个代价不仅包括直接成本和相关成本，还包括机会成本。机会成本即要求以最低的机会成本获得最高的需求收益。

如果我们能将需求变化与成本变化相结合，企业决策就会简单许多，我一直所倡导的以财务思维经营企业的思想也是源于此。

回到我们刚才所说的话题，盈亏平衡点销售量这一指标，能够帮助我们判断企业到底销售多少产品才能保住成本。那么，如何计算盈亏平衡点销售量呢？在此为大家提供一个推算公式（见图7-9）。

通过图7-9可知，计算盈亏平衡点销售量最重要的一点就是把单位变动成本找出来。用单价减去单位变动成本，计算出贡献毛利，然后再用总的固定成本除以贡献毛利，就得出企业的盈亏平衡点销售量。

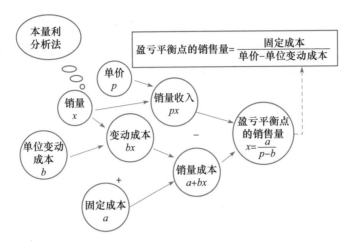

图 7-9　盈亏平衡点的销售量计算公式推导图

比方说，某公司的固定成本为 400 万元，产品单价是 20 元，单位变动成本是 10 元，那么该公司的盈亏平衡点销售量就是 40 万件，即该公司需要卖出 40 万件产品才能够保本。

计算过程为：400（万元）÷[20(元)−10(元)]=40(万件)。

但是，如果一个公司生产的产品种类有很多，又该如何计算呢？对此，我们可以采用加权平均的方法来计算盈亏平衡点销售量，将销售量和售价进行加权平均，得出单位变动成本和单位变动的售价，进而计算出加权平均的贡献毛利。

我曾在前文讲到固定成本和变动成本的关系。销售净利润率的提高，跟企业的固定成本有很大关系。如果企业的固定成本很高，就需要达到很高的盈亏平衡点销售量。达成的销售量要超过盈亏平衡点，超过盈亏平衡点越多，销售净利润率就越高，这是企业盈利的诀窍和关键。

以上所述的是第一个市场杠杆——销售利润率。销售利润率是企业管理中一个很重要的问题，根据多年来企业经营的实践及辅导企业的经验，笔者总结出了七条重要的影响因素。

第一是毛利率和毛利润。

第二是定价水平和市场定位。

第三是竞争压力和竞争方式。

第四是产品分类和市场组合。

第五是产品周期和市场周期。

第六是现金销售率与销售质量。

第七是销量的达成与固定成本。

⭐ 珠海拾贝，史老师财务语录

- 并非所有的产品定价越便宜越好，除非你的产品没有差异，才会跟它的定价水平无关。

- 一个行业的竞争度越高，竞争压力就越大；竞争压力越大，利润空间就越会被压缩；利润空间被压缩将会带来一个直接的变化，即行业的销售净利润率趋于平均化。

- 要使产品为市场所接受，必须事先了解企业与市场的关系，将产品"推"向市场，这是企业的能动行为。同样，市场需要合适的产品来满足消费需求，这就有了"拉"的作用力，这是企业的被动选择。

第 8 章

"转"出企业高收益——提高资产周转率

📝 **案例导入：美特斯邦威的资产周转率**

　　根据美特斯邦威 2009 年度业绩报告显示，报告期内公司实现营业利润 58 368.73 万元，较 2008 年度下降了 29.95%。公司管理层表示，公司在新品牌建设方面和直营渠道发展、店铺形象、店铺改造上投入较多，这一期间，公司的费用上升很快。

　　我们来看 2006~2009 年美特斯邦威的资产周转率（见图 8-1）。

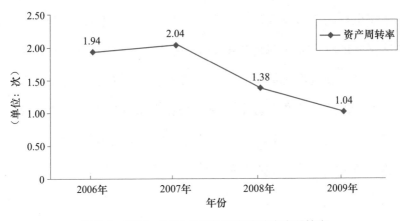

图 8-1　2006~2009 年美特斯邦威的资产周转率

我们看到，美特斯邦威自 2007 年以来资产周转率一直处于下降趋势，且下降幅度较大。正如管理层所分析的那样，固定资产投入过多，短期内无法提高资产周转率，进而导致公司的营业利润大幅下降，影响了公司的进一步发展。那么资产周转率到底有多重要呢？我们应该如何提高资产周转率呢？

有时候，如果我们仅仅简单地考虑市场的问题，很容易被市场牵着鼻子走。在这里我要提醒大家注意：一位领导者的财务理念，应该是从结果推手段。在前文销售净利润率的讲解中，我跟大家分享了大量的案例，目的是说明我们所希望看到的结果，找到合适的方法去实现所要求的回报，再找出应该从哪里去改善。

下面，我们来看如何提高资产周转率。

资产周转率就是用销售收入除以总资产，我们在前文看到的 11 家上市公司报表中就含有资产周转率这一指标。

苏宁电器的销售收入是总资产的 2.4 倍，这表明资产周转率很高；而华能国际的资产周转率是 0.412 9，说明该企业的总资产远远大于销售收入，属于高资本密集型企业。高资本密集型企业的特点是资本投入特别大，因此，资产周转率是衡量企业资本密集度的一个尺度。我们同样可以看到，银行等高垄断性企业的资产周转率都很低。

资产周转率可以反映出企业存在的各种各样的管理问题。比如，七匹狼公司处在竞争性强且市场开放程度高的行业中，行业不存在垄断性，它的资产周转率只有 0.602 2，这说明该企业的管理效率并不高。

想要正确地把握资产周转率，就一定要从以下两个方面做出考虑。本章内容要点如表8-1所示。

表8-1　本章内容要点

内　容	摘　要
影响资产周转率的四个要素	1. 产品特点和行业属性
	2. 竞争战略和竞争定位
	3. 在同业竞争中的技术属性
	4. 管理者的勤勉度和创造力
如何将资产用足	1. 流动资产周转率：货币资金、应收账款、存货
	2. 固定资产周转率

8.1　资产是好东西吗

案例 8-1

海边别墅的诱惑——考虑资产的利用价值

有一位朋友经营的是一家房地产公司。他对我说：史老师，我的公司新开发了几幢海边别墅，周围的风景很好，但没有房产证，如果您愿意购置，我愿意以最低的价格给您留一套。

我当时一听，觉得这很划算！我很想在海边拥有一套住房！但回头一想，我的家又不在那里，什么时候才会去住呢？这样的资产买了之后只能闲置在那，没有可利用的价值。这样的话，岂不是有了一个很大的负担，还把大笔的资金押在了上面？想通之后，我拒绝了他的好意。

但我们的另一位朋友听到竟有这等好事，马上就跑去购置了一套，还花了很多钱去搞装修。前不久，我又碰到了这位买房子的朋友，就问他感觉如何？

他面带愁容地告诉我，买了房子以后并没有因此而感到幸福，现在反而想卖都卖不出去了，房子变成了他的负担。他经常想，买了房子怎么也要隔段时间去住啊，不去住岂不是很可惜。就这样，定期到海边别墅居住就变成了他每年都要安排的固定行程。但住过一两次以后他就不想再去了，再后来这个念头就演变成强迫自己去住的动力。这套海边的房子因为不经常住人，每次住之前他都要花很长的时间去打扫，常常弄得他身体很累，心更累。

同样的钱，与其让自己如此身心疲惫，还不如用来租房子住，没有固定资产的束缚，想去什么地方都可以。因此，当我们每个人遇到这种事情的时候，都应该仔细考虑资产的利用价值。

资产是好东西，但如果没有好好利用，资产就不是好东西，会变成企业的负担。

资产越多，成本就越高。在有些大型的国有企业中，经营业绩不好的原因之一就是大量固定资产闲置而占用资金所造成的。一旦公司的产品销售不出去，老旧的资产又无法再度利用，就只能闲置在一边。想要更换新的资产又缺少资金，在这个时候资产就变成了最大的痛苦之源。当然，资产在大多数情况下还是好东西。比如，企业所拥有的土地资源，如果投入相应的资金去开发，这项资产就有可能为企业带来增倍的盈利。

画龙点睛

　资产的价值不在于拥有，而在于利用！

8.2　资产价值是怎么体现的

案例 8-2

经营周转与住房投资——资产周转率的价值体现

　　我曾在 1997 年年初投资了一家公司。当时有几个要好的企业家朋友要开办一家贸易型公司，他们邀请我投资入股，并对我说只要入伙就好，投资多少钱无关紧要，我只需要在日常的经营管理中加以指导，因而我最终投资了 14 万元。

　　1996 年年底，我在某地投资购置了一套住房。当初的房价很便宜，总共才花费 14.8 万元。

　　在这两项投资上，我花费的资金额度几乎相等，时间也是几乎同步的。那么，它们带给我的最终结果如何呢？

　　10 年后，我在房价行情很好的时候把投资 14.8 万元购置的这套住房卖掉了，总共得到了 68 万元的收益！看到这里，有的企业家朋友可能会说，收益还不错嘛！

而当初投资的那家贸易公司，在几个朋友的精心照料下运转良好，每年我都会从中拿到 20 万~30 万元的分红，同样在 10 年间，直至它关门大吉，我的总共收益为 240 万元！

看到这里，不用我多说什么大家也都知道了，假如你的钱能够得到很好的经营，提高这部分资产的周转率，要比坐等升值赚得更多，而且收益增长的倍数也更大。

通过这两段经历我想告诉大家，资产是好东西，也是坏东西。资产的价值就体现在资产的周转率上。

案例 8-3

盲目圈地的代价——固定的资产价值多少

曾经有位企业家朋友在当地政府的鼓励下，以每亩地 5 万元的价格圈了 1 000 亩地。当时他兴奋地告诉我，此地段日后每亩地肯定会涨到 10 万元，若如此看来他真的赚到了。

现在我们再看，他是真的赚到了吗？

许多年过去了，他得到的仅仅是那 1 000 亩地的资产，而且一直没有加以利用，至今仍然闲置在一边，何时涨价、能涨多少还是个未知数。如果将当初购买 1 000 亩地的花费用在经营投资上，将固定资产投资转换为产品投资，收获肯定会大不相同。

这 1 000 亩地预示着他的企业背上了一个沉重的资产负担，而负担过重的企业在面对市场变化时做出反应的速度就会减缓。固定资产投资越多，若想把它临时转换成其他的资产去用于经营将会越难。在这方面，很多中国企业家的想法可能跟我们的传统文化有很大关系，沿袭了最典型的传统心理。

因此，假如你有一笔钱，当有人对你说还是用来买房好，现在房地产升值快。对此企业家需要仔细考虑，如果这笔钱能让企业很好地运转，千万不要将其用在固定资产的购买上。由此我们得出，资产的价值体现在两个方面：一个是坐等资产原地增值；另一个是周转资产提高价值。

画龙点睛

　　我可以非常肯定，假如钱能在企业中好好运转，它所带来的收益一定比搁置在固定资产上坐等增值要来得快，来得多。

那么，资产周转率又跟什么有关呢？

资产周转率实际上取决于四个要素。

第一要素是产品特点和行业属性。

第二要素是竞争战略和竞争定位。

第三要素是在同业竞争中的技术属性。

第四要素是管理者的勤勉度和创造力。

这四个因素就能决定企业的资产周转率，下面我将分别做出阐述。

8.2.1　产品特点和行业属性

　　产品特点跟企业的行业属性相关。例如，苏宁电器属于贸易型公司，它的经营模式一般是通过新建一家大卖场或者租用大型商场，使货物不断进出流通实现销售和盈利。但因为产品是供应商所提供的，苏宁无法对其做出创新，因此，其定价水平非常有限。既然定价差异度不够，就需要提高产品的周转率，这是由其行业特点所决定的。

　　有人看到在 11 家上市公司的报表中，银行业的资产周转率很低，但其盈利情况却很好，这是什么原因呢？这是由于银行的垄断地位决定了它可以获得很高的毛利润。银行的资产周转率低，实际上是由于银行的产品特点决定了其需要开设多处销售网点，而销售网点等商业地产的成本很高，再加上多家银行都在盲目地追求表面的奢华，这就致使其总资产不断增多，导致了资产周转率的降低。

　　在当前的经济形式下，大多房地产公司经营的销售净利润率很高，但资产周转率却相对较低，这种情况实际上是很危险的，而这种较低的资产周转率跟国家政策规定有关。以前的房地产公司在经营时只要打出了房产地基，拿到了政府的准予售楼证，即使老板手里没钱也可以开始卖房，通过收取购房者一定的预付款作为周转金继续盖楼。后来政府部门感觉这种做法风险比较大，一旦房地产公司把楼盖到一半又没钱了怎么办？于是政府颁发相关规定，房地产公司必须等楼盘全部完工后才能开始预售。此项政策一出台，在楼盘完工到卖出的这段时间内，房地产公司的资产周转率就降低了。

综上所述，资产周转率跟企业的产品特点和所处行业属性有关。

8.2.2 竞争战略和竞争定位

在行业竞争中，首先要确定企业生产的产品到底需不需要高周转率。

在相同行业里，英特尔公司等高科技企业往往在高端产品的生产和研发上投资巨大，以此来维持较高的竞争定位；而有些公司则专门生产低端产品，同样能保持其竞争定位。因此，在同样一个行业里，当你确定要在高端产品领域竞争的时候，资产周转率可能会有所降低，但是可以制定较高的产品定价；当你对竞争地位的选择是低端的时候，就一定要在低价位上保持较高的资产周转率。因此，竞争定位的选择不同对资产周转率的影响也不同，企业对资产周转率的要求也不同。正如我们所看到的，英特尔公司的资产周转率较低，而联想的资产周转率很高，这就是源于它们对竞争战略和竞争定位的选择不同。

8.2.3 在同业竞争中的技术属性

案例 8-4

通用和大众的老大之争——同业间的资产周转率比较

上海汽车集团股份有限公司旗下的上海通用、上海大众分列今年全国乘用车企业销量榜的冠亚军。在今年上半年的"中考答卷"中，上海通用以 48 万辆的销量获得第一，上海大众的销量为 44.7 万辆。

上海通用凭借其准确的产品定位、用户定位、市场定位和价格定位，在产品本身并不占优的情况下，在其第一款车型上市后，仅用了6年时间就分别超越了大众在中国根深蒂固的两个合资企业，连续3年成为中国车市的销量冠军。上海通用使别克和雪佛兰这两个在中国根基稍浅的品牌逐渐成形，其在中国的知名度已经不亚于在美国的知名度。

不仅是在中低端市场，在中高端汽车市场上，上海通用又给大众上了最新的两堂课：新一代的别克君威，几乎是在一夜之间就成了中高级运动型轿车细分市场上的销量冠军，让中高级轿车技术配置的王者、上市2年来一路坎坷的大众迈腾目瞪口呆；此外，雪佛兰科鲁兹更是一鸣惊人，作为一个中国人闻所未闻的子品牌和全新车系闯入竞争最为激烈的中级轿车市场，上市不到3个月，月销量就上了8 000辆的台阶，成为中级轿车市场上的主流车型。

资料来源：中金在线。

同一条生产线，上海通用为什么能够比上海大众做得更好，能够后来居上呢？

有人也许会认为，作为同行，选择同样的客户，大家就拥有同样的竞争度。但实际上，同行业内不同企业间的资产周转率不尽相同，这是由于在技术上有差别所造成的。在上海通用的一条生产线上，既可以生产高档的别克，又可以生产经济型的雪佛兰新赛欧。通用和大众的产品在生产技术上的差别决定了资产周转率之间的差异。

以前我在某家外资建材企业当总经理的时候，我们公司的资产周转率是同行业其他公司的 3 倍。之所以能做到这一点，是因为起初我们在某一个项目的关键技术上做出了创新。也就是从那个时候起，公司多加了一项规定，外人绝对不允许参观生产车间。同行业企业之间竞争的关键就是，当定价水平一致的时候，资产周转率的高低就是企业取胜的关键！

> 可持续竞争的唯一优势来自于超过竞争对手的创新能力。
>
> ——詹姆斯·莫尔斯

因此在这个时候，技术开发力的高低就显得至关重要。只要一家企业的技术水平比别人高，那么它的资产周转速度就比别人快。

8.2.4 管理者的勤勉度和创造力

案例 8-5

货运代理商的无奈——勤勉度与资产周转率

上海有位企业家朋友是做货运代理生意的。去年他的企业新购进 6 辆集装箱卡车作为自有资产，这样该公司的司机就可以开自己的车去送货，既可以延伸自己的服务区域，又可以赚到更多的延伸利润。

然而最近他却告诉我，想把这些汽车全部卖掉。他购车前的想法是，司机从上海市区开到码头或周边地区，一天可以跑 3 回。但实际上碰到的是司机不愿意吃苦，跑完下午的货运后就不再回公司，提前回家休息了。如此一来，晚上就没人去给客户送货了。这种情况降低了企业自有汽车的使用率，企业的资产周转率下降了。

这家货运公司最大的成本就是汽车成本。当司机不愿意吃苦时，老板应该怎么办？企业家朋友说要么卖掉汽车，要么不再雇用上海本地的司机。其实，无论来自哪里的司机，只要勤劳就好。员工的勤勉度同样决定着资产的周转率。

所有的领导者都希望看到这样的画面：他们平时在公司宽敞的办公室里悠闲地喝着茶，每天定时坐在会议室听下属们做汇报，到年底净等总经理上报的利好消息……但这些都是理想，同样也是个梦想。身为一家企业的领导者，要清楚自身的岗位职责所在，唯有不断地追求卓越才能推动管理的改善。只有员工和主管同样勤勉努力，才能提高企业的资产周转率。

> 管理就是决策。
> ——赫伯特·西蒙

资产周转率实际上是一个管理指标，它跟管理者的创造力、决策水平和管理能力有关。有些企业的管理者在上任之初就一次性购置了过多的资产，结果拖累了资产周转率，最终导致企业运作不灵，甚至将企业拖垮。

画龙点睛

领导者的勤勉度直接与企业的管理效率相关。

8.3 如何将资产用足

通过对以上四个决定因素的了解，下面我将跟大家一起去学习如何才能提高企业的资产周转率。

我们知道，资产包括两大部分：一部分叫作流动资产；另一部分叫作固定资产。

8.3.1 流动资产周转率

我们首先来看流动资产周转率（见表 8-2）。在流动资产里面，最重要、占比例最大的一块就是存货。根据中国人民银行对 5 000 家企业调查的结果显示，截至 2004 年 6 月底，企业存货同比增长 22%，存货占流动资产的比重已经接近 30%。存货的增加，实质上代表着企业的流动资金紧张；存货周转率直接影响着流动资产利用率。一般

表 8-2　流动资产周转率

流动资产	周转率指标
货币资金	日销售现金比
应收账款	应收账款周转率
存货	原材料周转率
	在制品周转率
	产成品周转率
	低值易耗品和委托代销等

来说，企业中的存货大致分为原材料、在制品和产成品，另包含低值易耗品和委托代销等。

（1）原材料周转率。假如企业需要购入一批原材料，而这些原材料必须从国外进口，还要提前 1 个月付款，而后这些原材料需要在途中运输 1 个月，到了国内还要囤积 2 个月……因此原材料就有了 4 个月的周转期。如此耗时的存货周转就需要我们进行管理，那该如何去管理呢？这里为大家提供一个管理指标，就是用营业成本除以平均存货余额，也叫存货周转率。

$$存货周转率 = \frac{营业成本}{平均存货余额}$$

我也曾分析过几家公司，它们存货周转率不高的原因是企业的原材料积累量太大。这个时候还可以用另一个分析指标来进行管理，叫作原材料周转率。原材料周转率实际上跟原材料的供应管理水平有关。

$$原材料周转率 = \frac{耗用原材料成本}{平均原材料存货}$$

很多人也许会说，企业中的一切都是由董事长和总经理来决定的。但是在企业的日常管理中，实际上所有的管理都集中在中层干部手中。

企业中负责原材料供应管理的经理一定想把生产中所需的原材料提前买够，以满足正常的生产需求。因为他知道，原材料一旦供应不上就会耽误生产，多买多积至少不会误事。之所以会出现这种情况，就是因为原材料的囤积成本无人管理，也没有相应的考核标准，这必然导致企业在原材料管理上的失控，这也是很多企业管理效率低的原因所在。这跟领导者的财务理念有关，身为企业的总经理或董事长，如果不清楚原材料买进以后囤积在那里就是成本，也就无法知道利润是如何流失的。

案例 8-6

供应采购的技巧——什么才是好的采购管理

前不久有位企业家朋友告诉我这样一件事情。他的公司是很多企业的原料供应商，其中有一家关系企业的老板任命他的儿媳妇负责整个企业的采购管理。在供应过程中，他发现那位女采购经理好像很欣赏一直跟她联系的一位小伙子。于是，他马上将这名小伙子任命为供应经理之一。

这种情况在他的企业时有发生，很多在相同情况下被提拔上来的采购经理专门做一对一的关系供应管理。这位企业家认为这样做的好处很多，价格好商量，拿钱更快。

供应管理如果变成了关系管理，采购的意义就会随之发生变化，从存货的控制管理转移为多进货、多走动的关系管理，采购对生产的意义也就仅仅停留在了简单的节约成本阶段。

如今国内大多数的企业老板都将企业中最优秀的人才用来做销售，将最信任的人用来做采购。亲密的关系显然是此类信任的基础，但老板同时也要认识到，亲密的人可能不会贪污，却不一定会买东西，更不会提前控制供应商！一个会采购的人，他贡献的效率在现实中会比一个会销售的人高7倍！

一个公司的迅速发展得力于聘用的人才，尤其是聪明的人才。

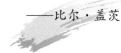

——比尔·盖茨

案例 8-7

供应部门经理的压力——如何保证供应管理有效

以前我在一家外资企业担任总经理的时候，公司的销售业绩在6年内上升了27倍。在这个发展过程中，我经常会受到来自公司内部供应部门的压力。

供应部门的经理总是跑来对我说："史总，公司的仓库不够用，需要扩大仓库才行，不然就无法安置备用货品了。"

而我总是对他说："仓库就这么大，不会扩充，你一定要想办法解决而且保证不能断货。"听完我的话后，他带着满脸痛苦的表情走开了。

过多囤积原材料的做法显然不妥，因为多余的原材料并不能产生更多的价值。企业即使把多余的原材料耗完，生产出了超过订单数量的产品，也会造成产品的过度堆积，不会产生任何价值。

身为总经理，我的管理理念是原材料不囤积，产成品也不能囤积，产品只要生产出来就会被马上送到客户那里。因此，企业要想做到不囤货，供应部门的管理压力就会越来越大。原来在产能不饱和的状态下，供应商可以一个星期为我们公司送一次货，此时采购部经理可以轻轻松松地做好管理。当产品产量上升以后，供应商几乎每天都要为公司送一次货，甚至某一种原材料在一天之内需要送四次货，我们公司的采购人员甚至会住到供应商的工厂里，把他们生产线的运作时间记录下来，以确保产品供应时间跟我们公司的产品生产时间相衔接。

为了做好供应管理，我们甚至要派专门人员去提高供应商的管理水平。

因此，企业家们应当注意，一个企业的成功不仅要依靠自身的力量，还需要供应商的配合。相信大多数企业家都认为，客户很重要。但我要告诉大家的是，供应商比客户更重要！一个好的供应商是企业竞争力的重要来源之一。

画龙点睛

　　好企业在客户面前有架子（品牌），好企业和供应商结成同盟。

　　什么是好企业？好企业首先要有好品牌，凡是前来购买产品的客户，需要拿着现金来购买，而且企业的产品定价会比别的企业高；其次要跟供应商紧密地联系在一起，提升企业的产品质量和竞争力，力求做到在客户面前有价值，带动供应商创造价值！

案例 8-8

汽车制造公司——供应商的卑微

　　国内有一家新兴的汽车制造公司，该公司所生产的轿车定位是低端客户，客户只需要花费几万元就可以买到一辆该品牌的汽车。因此，其产品很受社会大众的喜爱，轿车在市场上也极为畅销。

　　汽车卖得好，供应商自然就会找上门来。眼见前来洽谈的供应商络绎不绝，公司的管理层不觉有些飘飘然，他们对供应商的态度也变得越来越糟糕。据说有一次有 40 多家供应商同时到访该企业，结果他们连采购部的门都没能进去。走廊上只备有两把椅子，四十几位供应商大多站在那里等候通传。

　　很难想象这样的企业在未来的发展将会是怎样的。他们的供应管理观念原本就是错误的，一个好的企业，一定是把供应商当作自己人，和他们紧密地团结在一起共同发展。这种情况在有些乍富起来的企业中时有发生。这些企业在暴富之后便忘记了自己是如何发家的，忘记了一个好的产品，不仅需要优质的生产和一流的设计，更需要质量过硬的原材料和优秀的供应商。

因此，要想提高原材料周转率，第一步就应该做好企业的供应管理。

供应管理又可以分为两个方面：一是对企业外部供应商供货能力的管理，另一个是对企业内部供应能力的管理。

我们总是愿意做贸易伙伴，但永远不做贸易受气包儿。

——罗纳德·里根

画龙点睛

一个好的企业，一定是能做好供应管理的企业。

实际上，原材料周转率还可以继续往下分解，例如可以计算出企业生产所需主要原材料的周转率、辅助材料的周转率、包装物材料的周转率等。企业所有的原材料只要有囤积就意味着损失，也表示企业的资金被暂押。也许你会告诉我，这些钱不是企业自己的，是暂押供应商的货款。但我要告诉大家的是，假如企业能够减少存货，合理利用供应商给我们的信用期，将资金暂押在再制品上，甚至暂押在产成品或者在已经发出的货品上，岂不是更好？为什么一定要暂押在原材料上呢？

（2）在制品周转率。存货周转中的另外一个关键问题就是在制品的周转。在制品周转率反映的是在一定时期内，生产部门实际库存的平均周转次数。

$$在制品周转率 = \frac{入库成品总成本}{在制品平均库存}$$

在制品周转率实际上体现的是企业的制造管理水平。由于很多企业所处的行业不同，在制品周转率也不相同。同行业内各企业间的自动化水平不同，在制品周转率也不相同。

案例 8-9

巧克力制作企业和建材制造企业——在制品周转率比较

有一次我到国内一家著名的巧克力制作企业去参观，这家企业的领导带我参观了他们的生产线。当我在观看该企业的制造流程时，原料从一边输送进去，经过设备一道工序制作后马上从另外一边出来，在制品的生产时间很短。

一枚小小的巧克力从原料投放到最终的成品，只需要极少的制作时间，在制品周转速度相当快。而相对地，建材行业的在制品周转速度就显得十分缓慢。以前我所经营的某家建材公司便很好地验证了这一点。在该行业的产品制造过程中，最前面先是化工工序发酵、增氧等，接下来便是物理工序裁接、喷花等，每一道工序都需要很长的制造周期。

在制品周转率不同，企业的盈利也不尽相同。因此，缩短存货的加工时间就显得尤为关键。

案例 8-10

鞋子生产企业——流水线周转率测算的意义

有家生产鞋子的企业曾聘请我做顾问。这家企业生产的鞋子既有手工劳动制作的，也有利用自动化机器设备批量生产的。手工制作的和机器生产出来的鞋子在品质上有所不同，这就出现了在这两方面的盈利差距。

在此类制造水平相对较低的行业中，在在制品的生产过程中最容易出现大量的耗时浪费。一双皮鞋从选材到出厂需要很多道工序，而很多时候大多工序都处在等待的状态。样板打出来要等、样品拆出来还要等、产品出来以后包装又要等……这个时候，假如没有对整条生产线制造水平很好的管理，那么该企业的价值创造程度就会下降。这不仅会影响到交货期，还会影响到鞋子的制造成本。因此，这家企业应该努力提高机器生产的自动化水平，如果不能提高自动化水平，就需要对整条流水线上每道工序的生产速度进行测算，一定要把生产速度提升起来，以降低存货占压的成本，从而提高企业的净利润。

案例 8-11

服装生产企业——工序耗时改善周转率

有一家深圳的服装生产企业，大约有 500 多名车衣工。该企业对车衣工的考核标准就是在制品的制作效率，也就是每个车衣工在一定时间内的产量。

每天早上车衣工一上班，每人就会先领 20 件衣服，将其摆放在自己的缝纫机旁，然后便开始了一天的紧张工作。当这 20 件做完便上交到主管那里，再去领 20 件衣服继续加工。这家工厂要求他们每天必须做好 1 000 件或者 2 000 件衣服，等攒够一定的数量才会往外发货。这就造成了车衣工在前面拼命赶量，而后面工序上的整烫、缝纫工人都在等货的局面。

我曾经问过这家企业的生产部经理，这样做能行吗？经理告诉我说："我们以前就是这么做的。"以前就这么做，预示着经理并没有改善的思维。

这家企业要解决工序耗时的问题，就要从整体角度出发，从在制品周转率的角度看问题，而并不是仅考虑单个工序的效率最大化。有时候单个工序的效率最大化会破坏整体效率的最大化。假如这家企业另外招聘一位送衣工，专门为这 500 名车衣工送衣服、取衣服，而不要让他们一下子拿走 20 件。然后在工人操作的每台缝纫机上安装两个灯：一个是绿灯，按亮以后表示衣服做完了，可以取走了；一个是红灯，按亮以后说明衣服快要做完了，赶快送衣服过来。如果能做到如此管理，生产线上一旦有衣服做好，便可以立刻被送往仓库，这就加快了企业的整体在制品周转率。

发货的周转率也要做出改变，从原来攒足 1 000 件衣服才发货，变成只要有 50 件或 100 件成品衣备好后便马上发货，以此来加快对服装专卖店的供货速度。

也许有人认为这样做太麻烦了，随时都要取，随时都要送。但我要说的是，怕麻烦的管理者一定不是一位优秀的管理者。

要想达到一个优秀的管理者应有的水平，就要每天发现问题，每天寻求改善的途径。通过这个例子我们知道，企业经营者只有具备财务指标意识，才会努力实现管理效率的提升。

画龙点睛

优秀的管理是从麻烦里面改善出来的。

珠海拾贝，史老师财务语录

身为企业的管理者，在企业经营中不要轻易说两句话。

第一句话："我们这个行业是世界上最难做的行业。"

如果你觉得自己的行业难做，可以改做其他行业试试看，你会发现那个行业更难。

第二句话："我们以前就是这么做的！"

这预示着你被困在了原来的思维里，一直没有进步。

如今在企业生产中有两个理念同时存在，即流水线生产和即时生产。

当年福特发明了流水线，带动了整个产业的标准化生产。拿一扇自动门来说，生产型企业专门做自动门的生产；之后就有专门的安装公司为顾客上门安装……制造越来越标准化，服务也变得越来越简单。

但在这个过程中我们会发现,在流水线的生产中,为了让生产线能够快速地、满负荷地运转,企业前期需要囤积原材料,后期需要储存产品,于是,存货就出现了。

在今天,更为先进的制造管理是能够提高在制品周转率的即时生产。

什么是即时生产?就是并非流水线式的,而是一个人一道工序,从头到尾地生产以实现效率的最大化。如果我们还是按照流水线的理念去经营,就会出现等待和准备的时间,而这些时间,客户是不愿意为之付钱的。客户只愿意为能给他带来价值、用于制造的那一段时间买单。之所以会出现等待和准备的时间,是因为企业的管理水平存在着问题。尤其是在那些利用机器设备做生产的企业中,时间的管理水平就显得更为重要。一台设备的制造从开始做底板到做组装、上仪表、启动等,一道道工序做下来,工时浪费严重。这是因为从一个工序到另一个工序,中间肯定会有停顿,我相信多数企业从来未对这个停顿的时间做出过统计和计算,主要是由于这些企业的老板都是技术导向型的,缺乏成本意识,更缺乏周转率思维,这也是大多数民营企业管理水平低的一个很重要的原因。

假如企业能够把这些停顿的时间压缩,就能提高生产的价值创造力。因此,在制品周转率代表着企业的制造管理水平,这与企业所在的行业属性相关,也跟生产技术的高低相关。

(3)产成品周转率。产成品就是为了满足销售的要求,经生产工序制造出来,可以由销售部门直接供应给客户的物资。产成品周转率也是存货管理中的一个关键问题。

$$产成品周转率 = \frac{销售成本}{平均产成品成本}$$

案例 8-12

企业库房的备用——库存真的有必要吗

有个企业家朋友邀请我去参观他所经营的企业，他先向我展示了气派的办公楼和漂亮的厂房，最后当我看到厂房旁边有一大片空地的时候，便好奇地问道："这里是准备用来做什么的？"他告诉我说："这是为建造库房做准备的。我们的产品卖得很畅销，每月都有大批订单，到目前为止所接到的订单已经安排到明年了。我们怕明年还有更多的订单，所以准备建一个大的库房，专门存放生产出来的产品和生产所需的原材料。"

企业的销售部门经常想多备一点货，他们希望当客户的订单来了以后，就会有现成的货物马上发出。制造部门也想多备货，把能用的材料全部做成产品放在一边，等销售部来要货的时候就会减少一些压力。因此，我们可以发现，销售部门的想法通常是，产品最好有很多品种，还能够快速地实现交货。而制造部门的想法是，最好一年四季只做一个产品，减少工艺技术变动所带来的麻烦。这两个部门经营方式和经营思维的不同造就了一个非常关键的管理指标，即对产成品周转率的考核。

有过管理经验的企业家都知道，每当业务量有所上升，业务员都会要求公司增加备货，加大仓库面积以方便做事。采购部经理也害怕断货，就会努力增加原材料的采购量。库存的增加预示着管理效益的下降，因此，库存的问题不能小看。管理者追求的应该是产品出来以后不堆进仓库，最好能直接发给客户实现即时销售。要达成这个管理目标很难，也很麻烦，但企业家决不能放弃努力。这个时候，身为管理者要坚持辛苦做事，越是辛苦得到的越能保持长久。要努力提高货物流转率，尽可能地使产品不要入库，因为入库即是成本。

我在前面讲过，产成品的存储不会为企业产生任何效益。既然不产生效益，就一定要做到零库存。因为任何产成品都有保质期，与其在那里囤货，不如将其尽快实现销售。

> 在企业内部，只有成本。
> ——彼得·德鲁克

有的企业家朋友也许会说，这有一定的道理，但是如何才能做到呢？当前国内很多民营企业的销售管理从严格意义上来说没有市场管理，只有推销管理。推销就是一味地把货推出去，并没有很好地去预测客户什么时间要，确定企业什么时间制造，应该提前完工还是准时准点做好。正是因为这些企业的经营者对市场的分析度不够，对供应商没有即时管理，导致出现了很多企业生产出一大堆产品堆放在仓库里坐等订单的结果。

画龙点睛

产成品管理的诀窍是什么？应该是企业生产管理水平和销售管理水平相契合。

我从多年辅导企业的实践管理中发现，很多企业的销售人员居然讲不清楚自己的企业更适合做哪一类产品！虽然企业生产了很多产品，但实际上适合自己的并不多。比如，某种产品在某个规格的生产中，企业的设备利用率最好，生产工人做起来最顺，那么这个产品有可能是最适合自己的；或者是业务员在推销产品的过程中发现哪一类产品最好卖、最缺货，需要在生产上去大量投入的，也有可能是最适合自己生产的。当企业的领导者缺乏财务意识，仅凭推销意识认为只要被拿来推销的产品就一定要卖出去，而且最好马上卖，以此来强压制造部门的时候，就会导致产品制造成本过高、产成品生产与销售需求之间产生错位，从而导致过度的成本。

从现在开始我们要做出一个改变，从财务报表本身去反推，发现企业经营中可能出现的问题。例如当我们从财务报表中看到，企业存货每年都在成比例地上升，我们就要考虑这个问题会是什么原因引起的？是不是业务部门在拿到订单后有提前生产的情况？还是仓管部门在生产部门不需要这么多材料的情况下，采购了多余的原料？

企业管理中的原材料、在制品、产成品三类存货的周转，直接跟企业的生产经营活动和管理能力息息相关。在对企业其他环节的管理中，如果降低成本的难度较大，降低存货成本无疑是企业创造利润的一个重要来源。

画龙点睛

企业经营的根本目的在于推动流动性，实现盈利性。

（4）低值易耗品和委托代销等。低值易耗品可以简单地理解为，企业所拥有的、单位价值在 2 000 元以下的资产，如生产工具、管理用具、玻璃器皿以及在生产经营过程中周转使用的包装容器等。很多企业在低值易耗品的管理中都存在着很严重的问题，在购入、领用和储存过程中，舞弊现象时有发生。

经常在领用过程中发生低值易耗品的舞弊情况主要有两种（见图 8-2）。

图 8-2 低值易耗品

一是公领私用。不少物品既可以在企业中使用，也可以在个人家庭中使用，这就导致很多员工在使用过后可能将一些方便携带的工具带出企业，挪为私用。

二是多领私吞。有些低值易耗品在生产过程中的使用量很大，也缺乏既定的使用标准，这就有可能助长了企业中有些部门或员工多领多用，将未用完的低值易耗品带走，从而造成物品的流失。

物品的流失往往是因为企业在管理上出现了漏洞。财务部门对低值易耗品的管理重视程度不够，仓储部门对低值易耗品的耗用盘点缺失等，都会造成物品的流失。为了减少舞弊情况的发生，企业要对低值易耗品实施定期盘存，可以制作相关的"低值易耗品盘点表"，加强对损耗的监管力度。另外，还可以通过设立备查账，对在用和退回的低值易耗品适时进行登记，并设立相关负责人，加强对实物的管理。

存货管理中的另一个严重问题就是委托代销。

很多企业为了扩大产品的销售量，提高企业的销售收入，往往会采用代销的方式实现产品销售。会计准则中对此做出了相关规定，委托方在发出商品的时候应该开具增值税发票，确认收入。但实际中，有些企业在发出货物的时候，并没有及时地开具相关发票，这个时候就会产生一个问题，委托代销的产品原本应该计入该企业的存货，而货物的发出就会涉及存货周转率的管理。

前文中，我们花了很多精力去讲述存货周转率的问题，原因在于，存货周转率是企业管理水平的一个关键指标。一个企业的存货管理水平决定着其管理水平的高低。存货管理水平过低，就会引发与销售之间的不匹配，发生断货的情况；存货管理水平过高，可能会导致成本过度增加。因此，存货水平与销售水平和制造水平的契合非常重要。存货的类型主要有五种（见图8-3）。

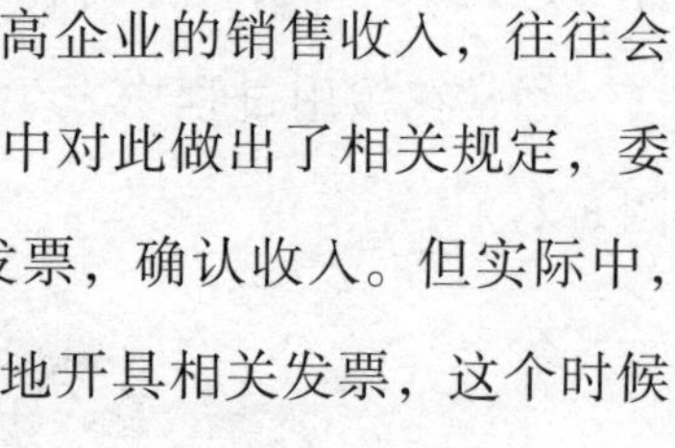

存货
■ 低值易耗品
■ 原材料
■ 在制品
■ 产成品
■ 委托代销/分期收款

图8-3 存货的类型

（5）应收账款（见图 8-4）。讲完了存货管理，下面我们看流动资产中另一个很重要的问题，这就是应收账款。

图 8-4 应收账款

为什么会产生应收账款呢？问题大概出在以下三个方面。

第一，很多企业都把应收账款当成了产品促销的重要手段。

第二，大客户采购掌握着企业的命脉，不赊不行。

第三，老客户跟企业有长期往来合作，不赊一点，从人情上说过不去。

企业应该把应收账款控制在什么水平，即应收账款周转率为多少。实际上，应收账款周转率表现了企业的销售水平和管理水平，同时也体现了企业的竞争力。

应收账款周转率就是营业收入除以平均应收账款的值。它说明在一定时期内企业应收账款转为现金的平均次数。

$$应收账款周转率 = \frac{营业收入}{平均应收账款}$$

企业能不能做好应收账款管理，实际上取决于两大问题。

第一，企业的客户是谁。

第二，如何制定和控制企业的赊销政策。

这就要求我们一定要提升客户经营水平，还要控制好企业的信用管理。企业要始终牢牢盯紧应收账款的赊销额度和回收期，如果不能够很好地控制，就会对企业的流动资金有影响，也会对流动资产的周转有影响（见图8-5）。

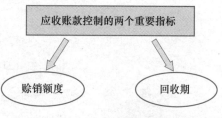

图8-5　应收账款控制的两个重要指标

（6）日销售现金比。日销售现金比是销售收入在实践中的一个很重要的问题，它表示企业的现金与有价证券在日销售额中所占的比率。

$$日销售现金比 = \frac{现金与有价证券}{日销售额}$$

这个比率实际上是为了保证企业现金的流动性而存在的。流动性越好，企业的经营质量就越好。因此，企业应该加强对该现金流动性指标的关注。

8.3.2　固定资产周转率

在总资产中，除了流动资产以外的另一部分资产就是固定资产，固定资产的额度和周转率对保证企业利润的实现同样很重要。

案例 8-13 ....

火锅店的客座之殇——资产利用的营利性

有位朋友在某居民住宅区附近开了一家火锅店，因为价格实惠又好吃，吸引了很多居民来这里消费，他也因此赚了很多钱。后来他发现，因为生意好的缘故，很多顾客来了以后看店里没有空余座位就直接掉头走了。他看在眼里，急在心里，于是就想方设法把店铺上面的二楼也租了下来，想借此留住更多的顾客，赚更多的钱。

但自从二楼开张以后，他赚的钱不但没有增加，反而减少了，前来消费的顾客人数看似也没有以前多了，这是什么原因呢？

案例 8-14

小店的客满之道——让客人"饥饿"最赚钱

故事一：安徽的城隍庙旁有一家小饭店，我听说生意很好，就找去了，店里只有一位老人和一个女孩在经营。店里有免费的汤和米饭，但需要自己动手去盛；吃完后的碗筷也要自己收拾放好。即便如此，吃的人还是很多，甚至还要排很长时间的队，而且这个小店每天只供应一锅红烧肉。去晚了还没有了，我去了几次都没能吃到，终于有一次吃到了至今仍怀念回味。

故事二：深圳有一家餐厅，因为生意很好，一到吃饭的时间就会有很多客人坐在走廊的椅子上排队。有一次我和几个朋友去吃饭，看到前面已经有很多人在排队，就问服务员大约要等多长时间。店员告诉我们：您只要愿意等，菜价就能打 9 折。等的时间超过 15 分钟，就可以打 8 折；超过 30 分钟，就可以打 7.5 折。原来，他们是用这个方法来留住那些本来不愿意排队等候的客户。

同样是餐饮经营企业，不同的是竞争手段，但都在告诉我们同一个道理：营利性和流动性的平衡很重要。面对前来光顾的消费者，火锅店老板选择了增加店面的方式来促进消费。其实，面积增加后，火锅店的客人数量在经营的过程中并没有减少，可能还略有增加。但新增顾客的数量所带来的盈利，却不足以弥补新增加的经营成本。而安徽的小饭店则选择了用限量来推动供给，深圳的餐厅选择了用价格来鼓动消费，它们都达到了赚钱的目的。

⋯⋯⋯⋯⋯⋯⋯⋯⋯⋯⋯⋯⋯⋯⋯⋯⋯⋯⋯⋯⋯⋯⋯⋯⋯⋯⋯⋯⋯⋯

因此，企业家在企业的扩张中要小心谨慎，需要先对企业在市场上的能力做出正确判断，否则就会打破资产的利用率和盈利之间的平衡。最赚钱的模式应该是，当你能为 100 位客人供应产品的时候，要让 120 位客人围着你转！让消费市场保持适度的饥饿，利润的维持才会更好地实现。

企业的固定资产额度和固定资产利用率要跟企业的销售收入相匹配，而固定资产周转率就是对这一问题的最佳衡量指标。它是企业销售收入与固定资产净值的比率，用于分析厂房、设备等固定资产的利用效率。

$$固定资产周转率 = \frac{销售收入}{固定资产净值}$$

这个比率越高说明固定资产的利用率越高，企业管理水平越好。如果该比率与同行业平均水平相比偏低，则说明固定资产的利用率较低，企业营运能力不强。

综上所述，管理与效率有关，效率以比例体现；决策与过程有关，过程是有和无的结果。管理和决策是两个不同的问题，管理是从资产到现金，决策是从现金到资产。现金的变现能力很强，它需要很强的流动性；资产的变现能力很弱，它需要更高的周转率，企业必须在这两个问题之间找到平衡才能进一步延伸，使企业的经营达到持续、良性的循环。

本章结束语

（1）现金和应收账款：企业的现金持有量越多，资产的周转速度会越快；应收账款的周期越短，就越能提高流动资产的周转率。

（2）存货周转率：存货的周转率越高，在流动资产中资金被暂押的比例就越少。

（3）固定资产周转率：如果一家企业的固定资产总额较低，固定资产周转率要高，只有这样企业的固定资产管理水平才会很好。固定资产周转率取决于以下四个方面。

第一是投资决策的水平。投资决策的水平要和企业的营业收入、资产之间很好的匹配。

第二是资产结构。固定资产所占的比例越低，流动资产的比例就越大，就越容易提高企业的资产周转率。

第三是资产的效率，也就是企业的管理水平。管理者的水平越高，资产效率的拉动性就越好。

第四是产品分类。生产的产品越高端，耗用的固定成本可能就越高。对此，企业可以将产品区分出高、中、低三个不同的层次，进而提高资产的使用效率。

⭐ 珠海拾贝，史老师财务语录

- 资产周转率实际上取决于四个要素：第一个要素是产品特点和行业属性；第二个要素是竞争战略和竞争定位；第三个要素是在同业竞争中的技术属性；第四个要素是勤勉度和创造力。
- 一个企业的成功不仅依靠自身的力量，还需要供应商的配合。
- 管理和决策是两个不同的问题，一个从资产到现金，一个从现金到资产。

第 9 章

花小钱办大事——提高资本的利用率

本章内容要点如表9-1所示。

表 9-1　本章内容要点

内　容	摘　要	内　容	摘　要
财务杠杆的影响因素	1. 行业属性	财务杠杆的管理指标	1. 资产负债表比率
	2. 资产特性		2. 偿债保障比率
	3. 应付账款		3. 流动性比率
	4. 流动负债比例		
如何提高财务杠杆的作用力	1. 股东权益	行业股东回报率的影响因素	1. 竞争程度
	2. 融资决策		2. 行业属性
	3. 已获利息倍数		3. 垄断程度

9.1　资本的利用率

» 提纲挈领，吊你胃口

财务杠杆是高了好，还是低了好？

财务杠杆过低，说明企业中好的投资项目数量有限，经营者较为保守，企业成长很难得到有效支撑。

财务杠杆较高，则反映出企业更积极的经营面貌和更多的投资机会。

财务杠杆过高，杠杆比率越大，经营风险就越高。

这是什么道理呢？赶快来学习本章内容吧！

影响股东回报率的第三个杠杆，就是财务杠杆。它强调了企业对筹资资本的利用，也被称为融资杠杆或资本杠杆。

"只要给我一个支点，我就能撬起地球！"阿基米德的杠杆原理无论是对个人理财或是公司理财都非常具有启发意义。

如表 9-2 所示，如果 A 有 50 万元自有资金，买房时需要 150 万元。他去银行贷款 100 万元，年利率为 5%。一年后，该处房产的价格上涨 50%，这时 A 将房子卖出，价款总计 225 万元。扣除 100 万元的银行贷款和 5 万元贷款利息，当初 A 投入的 50 万元，一年后净赚 120 万元，这就是财务杠杆的作用力。

表 9-2　个人理财财务杠杆
（单位：元）

自有资金	50 万
银行贷款	100 万
银行贷款利息年利率	5%
总资产（房产）	150 万
一年后：	
房价上涨指数	50%
房产变现所得	225 万
归还贷款及利息	105 万
剩余资金	120 万
财务杠杆	150 万/50 万 = 3
回报率	120/50×100% = 240%

计算过程如下：

买房时，总资产 = 自有资金 + 银行贷款 = 50 万元 + 100 万元 = 150 万元。

一年后，房产变现所得 = 总资产×（1 + 房价上涨指数）= 150 万元×

（1+50%）=225 万元，银行贷款利息=银行贷款×年利率=100 万元×5%=5 万元。

卖房后，剩余资金=房产变现所得–银行贷款–银行贷款利息=225 万元–100 万元–5 万元=120 万元。

由此可知，合理利用财务杠杆可以撬动更多的盈利，但首先是需要有一定的自有资金 50 万元，其次是新的投资回报率一定大于银行利率，否则就会面临亏损。

大家都知道，资产是企业拥有的财产，资本是股东拥有的财富。财务杠杆的作用力就是用较小的资本份额去撬动更大的股东资本收益。这个杠杆如果利用得好，说明股东的财富大于企业的财富，也高于债权人的财富；但如果利用得不好，可能会导致高负债的发生，甚至企业垮台。因此，企业既要借助融资的资本力量，又要注意在融资和盈利之间找到平衡。

目前国内有一个不好的现象，很多企业家喜欢加大财务杠杆的作用力（见表 9-3），因为他们知道杠杆越大，股东财富的收益率越高。秉承这个理念，凡是能借到钱的公司都在拼命借，这就引发了一个更

知识链接：财务杠杆和财务风险

财务杠杆可以为企业带来额外收益，也可能造成额外损失，这是构成财务风险的重要因素。财务杠杆和财务风险是企业资本结构决策的重要因素，资本结构决策需要在杠杆利益与其相关的风险之间进行合理的权衡。

为深层次的问题，公司越是如此经营，在经济低潮的时候，消亡的速度就越快。其中最典型的是房地产公司，通常它们借钱的比例都会远远高过自有资本，这种现象是极为不正常的。

表 9-3　财务杠杆的影响因素

影响因素	影响表述
行业属性	如果企业所处行业的竞争程度较低，垄断性较强，利润稳定增长，财务杠杆比率越大，企业的借债比例就越高。相反，如果企业所处行业的竞争程度很高，利润有降低的可能，财务杠杆比率越小，企业的借债比例就越小
资产特性	资产的特性决定了生产的特点。要调动企业的财务杠杆，就要知道哪些是成本
应付账款	应付账款表达了一个企业的信用管理。企业的信用管理水平越高，对应付账款的管理就越到位
流动负债比例	资金的流动性越好，企业的还款能力就越强，这时整个企业资金的循环度就越好

一家企业的财务报表显示，该企业某一年的净利润达到了 1 亿元，但它的现金收益只有 3 000 万元，同时还背负着 5 000 万元的银行贷款利息，这类情况在大多数企业的经营中经常出现。银行的贷款利息几乎都要求用现金进行支付，这不仅是企业的成本，更会抵消企业较为可观的现金利润。因此，虽然这家企业的账面利润很高，但那仅仅是纸面上的财富，实际上并没有赚到钱，而且照这个方式经营下去，该企业每一年的现金流就会不断递减，利润也会越来越少。解决这个问题的关键是，能不能在收益和融资、成本之间做到平衡发展，并找出平衡这三者之间的影响因素。

画龙点睛

　　增加财务杠杆可以提高股东回报率，但同时也提高了财务风险。

9.1.1　行业属性

案例 9-1

韩国大宇集团的解散——借债经营引发的危机

　　韩国大宇集团在政府和银行信贷的支持下，试图通过大规模举债，实现企业规模扩张的目标。在 1997 年亚洲金融危机爆发时，大宇集团由于经营不善，加上资金周转困难，已经出现了经营上的难题。然而，他们却一意孤行地大量发行债券，继续走借债经营的道路。然而，过高的财务杠杆不仅难以提高企业的盈利能力，反而使大宇集团因巨大的债务压力陷入了无法解脱的财务困境。

　　如果当时大宇集团不是采取大量发行债券的措施，而是通过调整财务结构，努力减轻其债务负担，发展至今大宇集团仍可能是韩国大型集团公司之一。

　　如果企业所处行业的竞争程度较低，垄断性较强，利润稳定增长，财务杠杆比率越大，企业的借债比例就越高。相反，如果企业所处行业的竞争程度很高，利润有降低的可能，财务杠杆比率越小，企业的借债比例就越低。

我们在前面看到 11 家上市公司报表的时候发现，东方航空的总资产和净资产之间的倍数竟然高达 23 倍！这主要是由于该行业的高度垄断性所造成的。假如东方航空跟苏宁电器一样，处在一个高竞争性的行业之中，一旦中央紧缩银根，债权人向其讨债，企业马上就会面临着垮台的局面。

因此，行业属性决定着财务杠杆的使用。

9.1.2　资产特性

案例 9-2

日本企业参观感悟——在不生钱的地方少投钱

多年以前，我曾担任过一家外资企业的中国区总裁。有一次我跟几位同事去日本考察一家同行企业。这家企业是世界同行业之中的顶级企业之一，同时也是日本前 100 强企业。它坐落于东京郊外的一个小县城，当我们抵达该企业主工厂的门口时，我们都感到非常吃惊。这家工厂的大门并不大，也看不到一个门卫。门口地面上铺着最普通的沙石，门上挂着一个小木牌，这就是整个大门的概貌了。

当时我想，假如是在中国，偌大的一家上市公司，如此著名的一个企业，门口肯定早已站着一排门卫。接下来在进入企业以后，让我们感到更为吃惊的是，这家工厂竟然没有一座像样的办公楼，道路一旁有一排平房，那就是他们的办公室和会议室。我们一行 4 人在工作人员的指引下到达了会议室，这时候我又发现，会议室里的椅子竟然全部都是手折椅。每当需要开会的时候，大家就把手折椅摊开，挤在一起开会。

当他们做完40分钟的报告后，工作人员带我们参观了整个工厂。参观的路上，工作人员告诉我们，他们的工厂只有一个车间。当我路过一个简单的房间的时候，好奇地朝里面看了一眼，发现只有几桶油和一部被篷布盖着的汽车。工作人员告诉我，这是工厂的仓库。我问道："既然是仓库，为什么不用砖头砌起来，而只是用一个钢架和一个篷布支撑呢？"他们回答我说："这是个不生钱的地方，绝对不能在不生钱的地方多花钱！"他还告诉我，这个仓库已经有15年的历史了。之所以这样搭建，其中还有一个小秘密，日本政府对企业的建筑比例有相关规定，这样搭建起来的仓库被称作临时性建筑，不算作永久性建筑。

当我们走进工厂的车间，看到整个车间的面积竟有1.2平方公里，一眼望过去都望不到边，让我感到更为惊奇的是，偌大一个车间只有4名工人！而且这4名工人还都是在电子操作室里面工作！

以前我一直很自豪，我们的企业与国内其他同行相比，生产效能是他们的3倍。但在当天我参观完这家日本企业的生产线后就愣在了那里，他们的出品速度竟然是我们公司的10倍！

由此我们可以看到，这家日本企业把钱投资在哪些方面？他们的车间都是自动化生产，甚至在生产线上系统就能直接把边角料吸走，被吸走的边角料之后又被作为原料，重新进入生产线参加生产。因此，在他们的生产线上没有废料排泄，也没有污水排泄，整个水流系统都是可以重复使用的。此外，也没有生产垃圾的产生，环保做得如此彻底，这才是现代化的企业！他们没有把钱用在办公楼的修建上，而是把所有的资金投在了能赚钱的自动化设备上。

这家日本企业用了一个临时车间、一个临时仓库，想了一个临时的办法在做一个赚钱的企业，把更多的资金投在生钱的地方，以此来提升它的竞争力。从这家工厂一出来，我就立刻打电话给当时我们国内公司的副总裁，让他立刻停建苏州公司的仓库，甚至把公司原有的仓库面积缩小一半，强迫企业的生产实现零库存，做到即时生产，把更多的钱投到生产线的建设上。仅这一个决策，当年就为公司节省了近300多万元的成本。

这个故事告诉我们，资产的特性决定了生产的特点。我们应该进一步看到，要调动企业的财务杠杆，就要知道哪些是成本，除此之外还需要对资产的盈利能力做出合理判断。只有好的盈利能力，才能支撑高的财务杠杆。

> 多挣钱的方法只有两个：不是多卖，就是降低管理费。
>
> ——李·艾柯卡

除了上述两个因素外，企业的应付账款和流动负债比例同样对财务杠杆也有影响。

1. 应付账款

在企业的流动资产周转活动中，我们经常会占用别人的一部分资产，即形成了企业的应付账款。应付账款作为经营性负债，在企业管理中也是一个很重要的问题。

应付账款与应收账款相同，都表达了一个企业的信用管理。企业的信用管理水平越高，对应付账款的管理就越到位。

以往，企业家总认为欠别人的钱拖着不还才是商品买卖的精髓，但实际上这种想法是错误的。我们在前面讲过，一家企业的倒闭通

知识链接：应付账款

应付账款是指企业因购买材料、商品或接受劳务供应等，而应付给供应单位的款项。

常是被债主逼迫的，而应付账款是企业债务管理中一个最不稳定的因素。企业向银行借钱有既定的还款期，但如果是占用了供应商的货款或是客户的预付款，企业就要时时承受随时被讨债的危机感。

但是，假如我们能够很好地使用应付账款，就能极好地撬动企业的财务杠杆。

对应付账款的管理，在此我给大家提供三条建议。

第一，要建立信用管理。管理好企业的信用，到期结账，要建立供应商的信用，信用就是资金。

第二，要集中时间付款。临时付款项目越多，就一定会导致企业资金管理的混乱，资金必须有计划。

第三，要集中账号付款。集中账号付款可以提高资金的效率，避免资金在其他的账号里闲置。企业要用其他账号收款，将资金集中到一个账号来付款。

画龙点睛

企业的应付账款管理就是企业家的信用管理。

2. 流动负债比例

资金的流动性越好，企业的还款能力就越强，这时整个企业资金的循环度就越好。大家不要忘记一点，还钱的时候是需要现金支付的，因此，现金的管理很重要，现金的负债比例也是尤为重要的一个管理指标。企业在管理流动资产的时候，一定要对流动资产中现金流的回收多加注意。

9.1.3　如何提高财务杠杆的作用力

1. 股东权益

提高企业的财务杠杆，要首先考虑股东的权益。如果股东的原始投资不足，企业完全靠借款来融资，虽然也有可能将资产做大，但如果这个时候企业处在一个竞争性较强的环境中，一旦遇到强烈的竞争，企业的现金收不回来，就会出现靠卖资产还债的尴尬局面。因此，财务杠杆的作用力跟股东权益的前期投入有很大关系。

2. 融资决策

融资决策是跟融资风险联系在一起的。很多企业家在创业之初都会面临资金短缺的情况，在好不容易发展起来以后，当有人提出要借钱时，他们往往会欣然接受。但实际上，借钱就意味着要拿企业的资产做抵押，这种抵押经常伴随着一定的风险。

当今流行的上市风潮，让很多企业家迷失了前进的方向。其实，上市不是最终的目的，它仅仅是企业融资的一个手段，其根本在于让企业长久并稳健地活着，一步一步走向更好。

融资决策很重要，但如果融资决策不恰当就会加速企业死亡。我们在前文看到德隆集团的融资决策就是用短期筹集的资金去做长期投资，很快便使企业陷入了资金断流的困境。

知识链接：已获利息倍数

已获利息倍数，是指企业一定时期息税前利润与利息支出的比率，反映了获利能力对债务偿付的保障程度。其公式为：

已获利息倍数=（所得税+净利润+利息）÷利息

一般情况下，已获利息倍数越高，说明企业长期偿债能力越强，否则相反。

3. 已获利息倍数

企业向银行借款，既要归还本金，又要每个月支付既定的借款利息。但是当企业的现金收益小于利息支付的时候，企业就没有还息的能力。因此，企业在做出融资决策的时候，也一定要考虑到未来借款利息的支付能力。

9.1.4 如何管理财务杠杆的作用力

财务杠杆的作用力可以从以下几个角度加以管理（见表9-4）。

表 9-4 财务杠杆的管理指标

管理指标	具体指标
资产负债表比率	资产负债率、负债权益比率
偿债保障比率	已获利息倍数
流动性比率	流动比率、速动比率

1. 资产负债表比率

（1）资产负债率。资产负债率就是前面我们所讲的资产负债比率，也就是企业的总负债和总资产之间的比率。

$$资产负债率 = \frac{总负债}{总资产}$$

这个比率最容易受到行业的影响。拿房地产行业来说，我们会发现凡是没有上市的房地产公司，它们的经营基本上都非常困难。这是因为它们通过大量囤地，将企业的资产规模做得很大，同时将负债规模做得更大。而已经上市的房地产公司，因为积累了庞大的权益资金，可以利用股民的钱去囤地，从而赚到了更多的钱。

在一些竞争性很强的行业里，或者是在小规模的企业里，资产负债表比率最好不要超过 50%，才是比较稳健的经营策略。

（2）负债权益比率。负债权益比率，就是企业借的钱和股东财富之间的比率。

$$负债权益比率 = \frac{负债总额}{股东权益}$$

实际上它表示的是企业股东财富的安全度，这对股东来说非常重要。

在以往的企业经营中，有些老板认为，总经理只要能借到钱，就是有能力的象征，这其实是一个很片面的想法。企业中所有借来的钱，都是要用股东权益来偿还的，还钱的时候跟总经理是没有任何关系的。但是今天为什么有些国有企业的总经理还在拼命借钱呢？那是因为在国有企业中没有股东，或者没有股东代表，又或股东没有办法行使权利，总经理在企业中代表股东行使权利，而风险则由企业来承担，这就可能会使企业产生很高的负债权益比率。这时候，中央就要对其实施调控，加大银行对企业的贷款额度，而此时银行也被拖下了水。

2. 偿债保障比率

偿债保障比率表示了企业的偿债付息能力。

$$已获利息倍数 = \frac{息税前利润总额}{利息支出}$$

企业的偿债付息能力非常重要。首先，它要求企业有现金偿还能力；其次，它要求企业对债务有一定的负担能力。企业在支付利息和缴纳所得税之前获得的利润，叫作息税前利润。息税前利润跟利息支出的比率就是已获利息倍数，它反映了企业承担债务的能力。一般用这个比率来考核企业的获利能力对债务偿付的保障程度。

3. 流动性比率

$$流动比率 = \frac{流动资产}{流动负债}$$

$$速动比率 = \frac{速动资产}{流动负债}$$

在这两个公式中有两点需要企业家注意：流动资产和流动负债。

企业家在日常经营管理中，经常会关注流动资产中的存货、应收账款、现金等几个大的方面，以及流动负债中的应付账款、银行借款等。企业是靠流动资产来支撑流动负债的还款。因此，流动资产与流动负债的比率越大，说明企业的偿债能力、资产的流动性就越好，这个指标在财务上就叫作流动比率。

但仅仅关注这些还不够，在流动资产中还包含存货，而存货是最难变现的。从商品到货币是一次惊险的跳跃！是的，这是惊险的一跳，跳得不好收回来的可能就不是钱，而是应收账款。因此，用流动资产减去存货后，剩下来的流动资产主要包括现金和应收账款。此时，我们再拿这部分流动资产去跟负债比，得出的比率就叫作速动比率。一般情况下，速动比率越高，说明企业偿还流动负债的能力越强。国际上通常认为，速动比率为 1∶1 的时候较为适当，此时企业经营比较稳健。

财务杠杆在中小企业中的使用可能会比较少，但仍需大家注意，尤其加强对应付账款的关注。在拿着别人的钱去周转的时候，同样要注意企业自身的信用管理水平。同时，应付账款作为经营型负债，也要平衡供应商的盈利，跟供应商站在一起。

在财务杠杆管理中还有一个问题需要企业家注意，在现实情况中，企业通过融资拥有的资产，除了股东的钱以外，还来源于两个部分，一部分来自经营负债，另外一部分来自企业的主动融资，这两个部分对企业经营管理水平的要求也是不一样的。主动融资又分成两种，一种是长期融资，一种是短期融资。企业可以用长期融资来支撑固定资产的投入，而不能用短期融资去支撑长期投资，否则企业的资金周转就会出现问题。

9.2　三根杠杆撬开利润增收门

》提纲挈领，吊你胃口

学到这里，很多企业家就很开心：学会了销售利润率，学会了资产周转率，也学会了神奇的财务杠杆，我要立即运用这三根杠杆去经营我的公司！

这三根杠杆，你怎么用呢？

你知道如何同时使用、同时强化这三根杠杆吗？

有些企业家一直在拼命努力，但业绩总是不好，这是什么原因造成的呢？又是什么原因使得我们的业绩没有预想的那样好？这是因为我们还没有学会正确地使用撬动企业业绩的三根杠杆。

股东回报率是企业价值管理的落脚点，它衡量的是一个企业股东投资的盈利水平，并将整个企业管理分成两个方面，一个方面是产品市场管理，另一个方面是财务价值管理。

9.2.1　行业股东回报率的影响因素

从前文 11 家上市公司的报表中我们得知，企业所处的行业不同，股东回报率也不相同。出现这种情况的原因，除了其受到市场杠杆、管理杠杆和财务杠杆这三个因素的影响外，不同行业的企业股东回报率还取决于以下几个方面。

1. 竞争程度

行业竞争程度越高，股东回报率会相应地被拉低。在竞争性较强的行业中，例如，服装经营领域的杉杉股份和七匹狼，它们的股东回报率都没有超过10%。同样，处在激烈竞争的家电行业中的TCL，其股东回报率仅为11.38%，而澳柯玛的股东回报率则为负数，这说明高强度的行业竞争会降低该行业的股东回报率。

2. 行业属性

行业属性将决定一个行业是否具有股东回报率的价值。正是由于行业的特殊性，中国石油的股东回报率达到了19.87%，而宁沪高速、万科地产的股东回报率也分别达到了10.19%和16.55%。

3. 垄断程度

垄断程度的高低也会导致不同的股东回报率。我们看到东方航空的股东回报率为20.49%，虽然东方航空一直在亏损，但仍有利润，高的股东回报率就跟它所处行业的垄断性有关。

因此，不同行业中企业股东回报率的高低与上述三方面有着一定的关系。

9.2.2 有效地使用三根杠杆

在企业经营中，要想有效地使用这三根杠杆，需要注意以下两方面问题（见表 9-5）。

表 9-5　ROE 的使用问题

两方面问题	问题描述
时效问题	企业处在哪一个发展阶段，就需要去强化这一阶段所要求的某一项能力
风险问题	企业做得越大，就越需要稳健经营。当企业家做出决策的时候，一定要对未来可能发生的风险非常清楚

一方面是时效问题。企业处在哪一个发展阶段，就需要去强化这一阶段所要求的某一项能力。比如在创业阶段，企业需要强调拓宽销售市场，关注销售利润率；当资产规模起来以后，企业进入发展阶段，这时就需要强化资产周转率这一指标；当企业发展成为大公司的时候，就需要去平衡好财务杠杆的作用力。

另一方面是风险问题。我们先来看两个例子。

一家企业叫探险公司，它的经营方式很激进。起初企业的投资收益率仅为 6%，当它更敢于去借款的时候，企业的资产权益比达到了 5 : 1，它的股东回报率也增长到了 30%。

还有一家企业叫懦夫公司，它的经营方式很保守。起初企业的投资收益率是 10%，但因为经营上的保守，借钱很少，企业的资产权益比为 2 : 1。因此，最终它只得到了 20% 的股东回报率。

ROE 探险公司 = 投资收益率（6%）× 资产权益比（5 : 1）= 30%

ROE 懦夫公司 = 投资收益率（10%）× 资产权益比（2 : 1）= 20%

如果让你去经营企业，你会选择股东回报率高的经营方式，还是选择低的（见图 9-1）？

（长期稳健保守型）　　（短期投机激进型）

图 9-1　两种类型公司的风险选择

选择何种经营方式取决于你对风险的选择。做决策其实很简单：选择左边还是右边？是要寻求长期稳健的发展，还是期望在短期内捞一把？个人认为，企业做得越大，就越需要稳健经营。在企业家做出决策的时候，一定要对未来可能发生的风险非常清楚。

画龙点睛

总要给自己留一点余地，让我们明天早晨还能爬得起来看日出。

一切的高收益往往伴随着高风险，就像房地产经营企业往往可以获得很高的收益。投资房地产就意味着高收益，但随之而来的经营风险也是巨大的，收益和风险并存。

很多人都会开汽车，那开汽车到底难不难？不会开的人当然会说很难，已经学会的人就觉得其实也不难，只要把好方向盘，学会如何踩刹车，如何踩油门，再加上离合器的作用力，就能让一部车子走起来。因此，可以总结出，开车需要掌握这三个方面：油门、刹车和离合器。企业经营的三根杠杆实际上跟开汽车是相同的道理。企业利润的实现，就要掌握好这三根控制杠杆，把握好股东回报率的方向盘。

在这三根杠杆中，销售利润率代表着企业的盈利能力，资产周转率代表着企业的管理能力，财务杠杆的作用力则代表着企业的资本能力。前面我们看到东方航空的盈利能力并不好，也就是市场杠杆控制得不好，于是它就拼命地提高财务杠杆的作用力，导致耗油量很大。还有苏宁电器，虽然它面临的外部市场竞争压力很大，财务杠杆作用力很低，但其资产周转能力很强，因而股东回报率也很高。

因此，我们可以得出这样一个结论：一个优秀的管理者，一定要学会合理地使用三根杠杆。开车开得好，不是仅仅把握好方向盘、会踩油门和会踩刹车就可以了，而是这几个动作做得越协调越好，这才是开好车的关键。

案例 9-3

一次爬山的经历——人们什么时候最害怕

很多年前我和几个朋友去黄山旅游。为了找到更好的位置观日出，第二天清早我独自一人爬到了悬崖旁边的一块石头上。看完日出以后，我才发现自己身处险境，不知道该怎么办。等心情平复下来之后我便开始大声呼救，幸好有游客听到呼救声并用绳子把我救了回来。

人只有在看不见的时候才最害怕。企业经营也是一样的，能看到的问题，我们总能找到解决的办法。那些看不到的问题，总是被我们所忽视。时间一长，小问题积少成多，就变成了大症候，再想去解决就很难了。

··

因此，做经营要从小处入手，从一个个的小指标去衡量做出的每一个决策。股东回报率可以分成销售利润率、总资产周转率和财务杠杆三个部分。销售利润率又往下延伸为主营业务利润率、成本利润率等，还可以分解到各个部门员工的绩效管理和干部考核上去；总资产周转率也可以分解为资产周转率、存货周转率；存货周转率又可以分解到采购、制造和销售上。由此我们看到，这些指标都是可以往下分解的（见图9-2）。

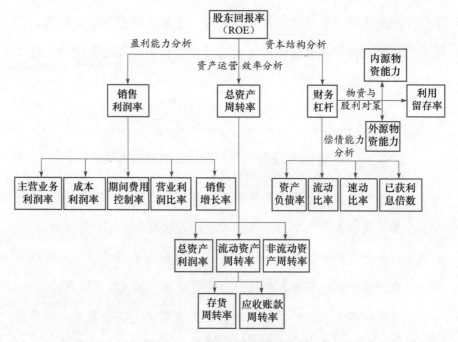

图9-2 股东回报率的指标分解

销售利润率可以分解为主营业务利润率、成本利润率、期间费用控制率、营业利润比率、销售增长率等指标。把握好这些指标，企业家们就可以要求销售部门去一一落实。这样，我们就把管理落到了实处，也学会了用财务的手段去加强管理。

同样，企业的总资产周转率也可以分解为总资产利润率、流动资产周转率等财务指标。流动资产周转率也可以往下分解，将存货周转率和应收账款周转率分解到销售管理部门。如此，这方面的管理也落到了实处。这个时候我们就学会了用数字发现问题，用数字来控制管理。

另外，财务杠杆的作用力也可以分解为资产负债比率、流动比率、速动比率等指标。

股东回报率作为企业家经营的最终目标，需要三根杠杆的有效协调，在企业内部做到"千斤重担大家挑，人人头上有指标"，把三根杠杆的作用力很好地调动起来，将企业的总目标很好地往下分解为每位员工的小指标。

股东回报率是一家企业综合能力的体现，是发展与平衡的体现。能不能达到发展和平衡，是行业属性的表现，更是一个领导者管理水平的体现，也是投资者衡量企业经营的标准。它决定着这个企业在未来是否经营得更好，迈上了更高的台阶。这里为大家介绍判断一家公司质量的三种途径（见图9-3）。

因此，教给大家掌握推动业绩的三根杠杆，实际上是要教会大家如何在企业经营中发现问题，如何把企业经营得更有质量。

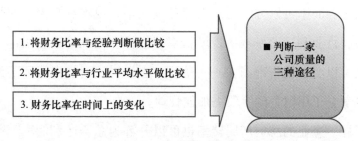

图9-3　判断一家公司质量的三种途径

以前，我们总认为管理是一种感觉，但实际上管理是一门科学。之前的思维误区导致了很多企业家在错误道路上长期勤奋地工作，其实管理是可以相互学习的，可以让我们找到一个规律来复制。尤其对如今的中国企业家来说，很有必要认真学习并掌握企业管理的根本法则和方法。

本章结束语

市场杠杆、管理杠杆和财务杠杆是企业家操控企业的三个工具。当领导者能够自如地合理运用这三根杠杆，相信他的企业将会运行得非常稳健，并会取得很好的财富积累。

⭐ 珠海拾贝，史老师财务语录

- 企业既要借助融资的资本力量，又要注意在融资和盈利之间找到平衡。
- 在拿着别人的钱去周转的时候，同样要注意企业自身的信用管理水平。同时，应付账款作为经营性负债，也要平衡供应商的盈利，跟供应商站在一起。

- 要调动企业的财务杠杆，就要知道哪些是成本，除此之外还需要对资产的盈利能力做出合理的判断。

- 在这三根杠杆中，销售利润率代表着企业的盈利能力，资产周转率代表着企业的管理能力，财务杠杆的作用力则代表着企业的资本能力。

- 管理是可以相互学习的，可以让我们找到一个规律来复制。

结　　语

客户关心什么

为什么我们的企业总是做不大？为什么以前的盈利方法不灵了？为什么规模上去了，利润却没有同步上升？这些都是国内诸多企业在经营过程中经常遇到的问题，也是令许多老板感到苦恼的问题。

企业家经营企业的目标是追求利润，但为什么我们在利润的道路上越走越偏？利润从哪里来，利润又到哪里去？如何解决这些问题成为当今许多企业经营者为之学习不止的动力。只要我们能在企业的经营过程中拥有一个思维体系，就拥有了一套解决问题的工具，而这个企业整体效益化的管理工具就是财务思维！

按照赫伯特·西蒙的管理决策理论，"管理就是决策"，决策贯穿于企业的整个管理过程，同样，决策必须以一定的目标作为评判的依据。现代企业财务理论认为，企业的最高财务目标是追求企业价值最大化。企业经济活动的结果最终必将通过财务指标反映出来。为达到企业价值的最大化目标，企业需要对总体目标做出分解，将其描述为财务管理的 3 个具体目标。

销售利润增长目标：市场份额及销售增长率。

资产流动效率目标：资产价值及资产利用率。

资本利用控制目标：资本结构及财务风险。

企业只有力求同时达成以上 3 个目标，才能更好地实现企业价值最大化的目标。

当我们把企业盈利作为目标，那么我们就要向上、向下、对外、对内去完善公司的各个环节。因此，我们要建立的企业利润体系如图 A-1 所示。

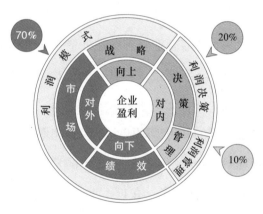

图 A-1　企业利润体系

向上——要能影响到企业战略，让企业在正确的道路上发展。

向下——要能控制管理的行为，把握绩效，建设企业组织能力体系。

对外——关系到市场的定位，帮助企业找到利润的来源和客户的偏好。

对内——抓管理、定决策，建立企业的财务管理思维，用财务的知识分析管理问题。同时让管理决策变得有理可依，清晰预测决策结果，反映出企业的运营效率。

只有基于如此的财务思维，我们才能使企业整体的经营管理环环相扣，打通管理的各个环节，保证企业的顺畅经营。企业中每个岗位都是一个小规模的利润中心，每位相关负责人都是小部门的总经理，当大家都坐在同一条板凳上，就需要用整体的系统管理模式去管理企业。

我们能做什么

我很庆幸自己一直从事企业管理，在外资企业工作了 16 年，专职从事企业管理教学也有 6 年有余，一直在围绕提高"企业利润"做研究。经验来源于实践，知识归纳于经验，智慧提炼于知识。经过反复研究，终于将自己所学的知识整理成企业的利润增长体系。

YTT 利润管理始于 1998 年，历经 12 年的发展，迄今已有 167 000人次参与到该体系的学习中来。在近三年的时间里，2008 年总计开课 189天，2009 年开课 136 天，2010 年开课138 天。成功来自积累，我们终于完善了我们的利润增长体系，如图 A-2所示。

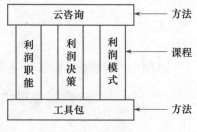

图 A-2　YTT 利润增长体系

这个体系包含了方法与课程，利润的实现在企业发展中是一个持续的过程，在实际操作中它既需要各项优秀管理工具的推力，也需要正确分析决策的拉力，更加不可缺少的是利润管理体系的支撑力。

为了更好地实现企业利润的助推力，YTT 创造利润工具包将优秀的管理工具复制成模板，并根据不同行业的实际情况加以创新，我们的工具包来自 YTT 多年的累积，采用了 28 500 套资料、57 900 个模板、9 700 个指导方法，辅导了 300 000 名企业员工，为 1 000 多家企业建立起优秀的管理平台，彻底解决了企业管理执行难、员工能力不完善、管理流程标准低、管理能力积累慢的烦恼，让企业管理变得简单！

如果有一种学习可以让发现利润变得更简单，我们为什么要错过？YTT 利润职能实践操作班将帮助总经理树立财务管理思维，普及财务管理知识。通过深入学习掌握现金流管理，企业管理者学会用报表分析经营活动、用数字分析企业能力，让资产变得更盈利。

如果能把自己的利润增长点算得更清楚，我们为什么不早点动手呢？YTT 利润决策特训营将教会企业家以数字作为依据，做出正确的决策。在全景模拟企业现实状况的基础上，教你用明确的财务数据做决策，解决老板做决策凭感觉却无依据的困扰。

如果有一种方式可以让我们保证盈利的持续，我们为什么要拒绝？YTT 利润模式领袖营将引领企业家建立自己企业外部机会与内部能力相结合的盈利模式。它以企业团队为目标，整体改变企业错误的经营模式，建立起正确的内部流程，准确定位开源、节流和决策的完美结合才是提高企业盈利的关键点。

同样，在利润决策的拉动力方面，YTT 深入了解到诸多企业家都面临着做企业冥思苦想却无从下手的困境、做决策分析难却无力聘请专家的烦恼。去美国何必要亲自开飞机，借助外部大脑就可以轻松实现从容驾驭，YTT 云咨询帮助企业家将利润变成可描述的理性决策的依据。我们的能力来自对 32 个行业的研究实践，完成了 12 800 份有效调研报告，通过强大的科学数据支持、模拟分析企业经营能力和规划辅助企业家理性决策，解决了 768 900 个企业管理难题，帮助 3 890 家企业实现利润突破。YTT 云咨询让你花公司的小钱办公司的大事，让企业经营分析变得就那么容易！

国内大量的中小民营企业一直得不到很好的智慧支持，它们还没有实力去购买很好的智慧产品与管理辅导，但又非常欠缺整体管理思维。关注中小企业客户的成长，关注利润的持续获得，这就是我们迫切需要做到的！

企业是赚钱的载体，效益化管理的关键就是用财务的思维来管理，用财务的思维做决策。未来的 10 年将是企业发展的黄金期，谁能在通向利润的道路上率先改变，谁就能掌握新时代的先发优势。

用智慧创造利润，让利润受用一生，关键不是规模和数据，而是思维！YTT 已经做好了准备——为客户创造价值！我们不敢言大，但求专精，将所有的行为聚焦于企业利润管理，这就是我们可以做到的。

YTT 学员评价

　　说感想不如说感谢！感谢老师理论与实践完美结合的教学模式。通过老师的教学让我用一种财务思维来经营和管理企业！我要把它带回去和团队一起分享，在团队中贯彻、落实老师的管理思想，让企业股东、员工、合作伙伴、社会都有一个美好的未来。

——沈红霞

合肥中建工程机械有限责任公司　总经理

　　老师说"做企业就要做得纯粹"！然后通过更深层次的分析使我明白了企业盈利才是第一位，市场销售是不能忽略的环节。同时又知道了市场与客户匹配的重要性。我突然感觉自己在这方面开窍了！

——严芳

广州市古知贸易有限公司　总经理

　　"不赚钱可耻，不致富可弃"。细分顾客，细分产品，并将相关数据纳入骨干团队的绩效考核之中，争取企业利润最大化、个人利益合理化。总之，将各餐饮店的经营按"四大决策"的思维方式，重新合理分析，保证各个店铺创造最大价值。

——朱晓春

深圳市巴蜀风饮食管理有限公司　总裁

课程里面穿插了很多实际案例，让我明白原来仅用业务经营的思维来经营企业是不科学的，管理要用理性的财务数据说话，才能正确指导企业决策，有了这个基础，相信我的企业会不断发展和壮大。我希望以后能够多参加史老师的课程，给自己充电，给企业增加利润的砝码。再次感谢 YTT 所有工作人员的辛勤付出！

——秦敏聪

深圳大兴汽车集团　董事长

以前没有上过这样最能带给企业实惠的课程，既可以根据财务分析把企业的各个环节梳理好，也可以判断出企业缺少什么、需要什么、将来能做什么。另外，我个人很喜欢这样的课堂气氛，非常人性化！史老师和所有工作人员与我们这些学员情感交流非常到位，谢谢 YTT！

——李樾

国能新源投资（北京）有限公司　总经理

课程系统性强，深入浅出，把繁杂的财务知识用老太太卖茶叶蛋的语言讲出来，易懂易学，操作性强，通过学习，我看懂了三大财务报表，让我对财报再也不惧怕。我也知道了如何衡量一个项目或产品是否可以经营，三大杠杆解开了我以前的很多疑惑。

——邹英和

深圳平衡点文化发展有限公司　董事总经理

通过学习，我发现用财务理念去经营是多么重要。以前核价都是盲目地加一些管理费用，缺乏用财务数据分析，并且没有运用变动成本。现在明白了自己公司的问题所在，回去后把几个报表弄准确、弄清楚，加强财务数据的准确性。史老师的课对企业非常有用，多谢史老师，让我们有了很大的收获。

——王有川

北京亿和众通服饰有限公司　总经理

课程很好，第一次这么集中地真正了解到企业的财务知识与盈利决策，我学到了用股东回报率作为企业的最终目标，也学会了用三根杠杆去控制企业的进程。我会带领团队一起学习，直到在实践中能运用自如。

——谭燕

中食（北京）净化科技发展有限公司　总经理

史老师的课程解决了企业很多的财务问题，为企业的管理指明了道路。让我明白了企业的钱从哪里来，到哪里去，并决定了公司未来的财务目标是：大幅提高企业"股东回报率"，对存货要趋于零，对资金要"少付，多收"，让每一分钱都能创造利润。

——王裕顺

桂林市正东投资担保有限公司　董事长

本次学习到非常好的财务杠杆应用案例，将理论融入实际应用；从不同的角度看财务管理，令企业管理科学化、简单化。在此，非常感谢史老师的辛勤付出和辅导。感谢史老师团队的支持与鼓励，感谢有这么好的平台，谢谢。

——朱锦华

中国香港华信地产研究中心　总经理

有幸认识史老师，进入 YTT 课堂，让我明白一个企业人的思维和做事的方法。从管理报表的建立到 16 把戒尺的运用，企业的四大决策和三大杠杆让我有了方向和目标，更有了方法，所以今天我知道应该怎么做了。革命尚未成功，自己仍须努力，加油！

——丁勇

湖南大业食品有限公司　总经理

通过学习史老师的课程，我认识到财务的重要性，财务对企业决策、股东回报起到关键的作用。我还知道了三根控制杠杆——市场控制杠杆、管理控制杠杆、财务控制杠杆。我会根据学习到的知识，让公司做出改善：调整售价、优化供应链、加强内部管理、降低固定费用，以此来支持公司的良好发展。

——王松林

天朗世家纺织实业有限公司　董事长

通过这三天两夜的学习，我对公司现在的管理水平、财务运作等都有了认识，我最深刻的感触就是发现财务在企业位置中的重要性。以前，我对公司的利润表、现金流量表和资产负债表都是一知半解的。由于思想上的不重视，所以就更没办法去弄懂。在听了史老师的课后，我对这三份报表重新有了一个正确的认识。在学会分析的同时掌握了一些看报表的技巧。

——刘显炽

江门市蓬江区悦来酒店管理有限公司　总经理

此课程非常实用和及时，为所有的企业提供了一套切实有用的财务分析工具，有利于企业高层运用正确的方法解决存在的问题。课程设计思路清晰，老师讲授非常专业且易于理解。通过学习，我基本上可以将史老师的课前后贯通起来了，准备回去应用到实际工作中，设计管理报表，分析企业现状。感谢史老师教会我一套财务分析工具。

——于明石

深圳鸿安机械有限公司　总裁

我们是小企业，总是想一步就发展壮大，而没有考虑到发展中的风险。史老师告诉我一句话："先让自己活着、活好，才能做得长久。要做500 年企业，不做 500 强企业。"我认识到了财务知识的缺乏也是企业发展的瓶颈。所以我要加强对财务知识的学习与应用，使自己搞通财务后找出本企业的一条盈利之路。

——项轶卿

哈尔滨世纪添华贸易有限公司　总经理

在此收获了与同学们之间的友情，也看到了和同学们之间的差距，包括专业知识的差距、思考方式的差距、管理企业能力的差距。这更坚定了我今后的学习目标，加强我个人的学习能力，努力完善自我，搞好企业。最重要的是，轻松做好企业。

——孔健

合肥蜀王集团　董事长

史老师的教导使我明白了不论什么性质的企业，无非是把握住四大决策：销量决策、售价决策、变动成本决策、固定成本决策，从而可以透彻地分析业务发展前景。我感觉受益匪浅，谢谢史老师，谢谢 YTT 利润决策特训营。

——褚双玲

北京中福通信工程有限公司石家庄分公司　总经理

第一次来学习，老师这三天来的课程让我在思想上有了很大的转变。我要从财务入手找到企业的问题所在，要求财务主管加大工作力度，把老师所讲的方案全部落实到位。我相信企业会在最短的时间内转变局面，谢谢史老师。

——刘斌

深圳市金隆兴投资发展有限公司　总经理

三天两晚的课程给我感触很深，我感觉我的财务思维发生了很大的变化。回到公司我一定会好好看老师的光盘，认真学习。史老师讲得很真实，里面穿插了很多实际案例。我希望今后有机会的话，我会再来史老师的课堂继续学习。我也会努力把史老师教的知识用到我们公司的实际工作中去。

——郑利彬

上海鸥江船舶物资有限公司　董事长

感谢史老师，这是一堂非常具备实际操作性的课程，能够立即帮助企业提升经营能力并降低企业运营风险。我要努力全面掌握史老师所传授的知识，打通各知识点的衔接，我的目标是让企业实现第三次变革：从人管理企业，到制度管理企业，再上升到财务管理企业，让企业盈利能力全面上升。

——符杰

广州市巨和工程机械有限公司　总经理

通过三天两夜的学习，让我看到要想做好企业，必须懂得财务管理的精髓所在。我会利用所学的知识全面地对公司的财务报表进行梳理。公司还要加强统计工作，使各种变动成本最小化，并使固定成本优化压缩。感谢史老师的精彩讲解，让我在企业管理和财务管理方面得到了很大的提高。

——刘安平

陕西省通信服务有限公司　总经理

非常感谢老板给我这个学习的机会，更感谢史老师的指教，让我充分了解到财务的重要性。企业要用财务系统把公司的整个营业管理体系打通，这次学习让我与以往的思维产生了碰撞，得到了很多启发，活到老，学到老，让自己获得更多的知识。

——刘子瀛

山东润元高速公路油气管理有限公司　董事长

感谢史老师这几天的辛苦讲解，本人受益匪浅，让我知道了很多财务及企业管理知识，这能很好地帮助我了解公司的情况，现在我知道了如何算出每一种产品的边际效益，明白了自己公司的盈亏平衡点。我以后肯定还要常来听老师的课，提高自己的能力。谢谢！

——郭恒华

安徽华恒生物工程有限公司　总经理

通过三天两晚的学习，我感受最深的是：老师的课程将企业各环节用通俗易懂的表格联系起来，使我有种贯通的感觉。我对财务的重要性有了更充分的认识，这同时对公司今后如何发展、如何掌握方向都是非常重要的。

——袁梓欣

天合（宁波）电子元件紧固装置有限公司　中国区总经理

参 考 文 献

［1］史永翔．搞通财务出利润：总经理财务课堂［M］．北京：北京大学出版社，2007.

［2］史永翔．你的利润在哪里：所有管理者应该明白的效益方略［M］．北京：机械工业出版社，2010.

［3］萨格纳．真实世界的财务管理：21世纪的12条教规［M］．曾嵘，张瑾，译．北京：华夏出版社，2004.

［4］卡普兰，阿特金森．高级管理会计［M］．吕长江，主译．大连：东北财经大学出版社，2007.

［5］辛纳蒙，赫尔维格-拉森．管理一定要懂财务：总经理的财务管理清单［M］．林珏，译．北京：中国市场出版社，2008.

［6］拉舍．财务管理实务［M］．陈国欣，等译．北京：机械工业出版社，2004.

财务知识轻松学

书号	定价	书名	作者	特点
71576	79	IPO 财务透视：注册制下的方法、重点和案例	叶金福	大华会计师事务所合伙人作品，基于辅导 IPO 公司的实务经验，针对 IPO 中最常问询的财务主题，给出明确可操作的财务解决思路
58925	49	从报表看舞弊：财务报表分析与风险识别	叶金福	从财务舞弊和盈余管理的角度，融合工作实务中的体会、总结和思考，提供全新的报表分析思维和方法，黄世忠、夏草、梁春、苗润生、徐珊推荐阅读
62368	79	一本书看透股权架构	李利威	126 张股权结构图，9 种可套用架构模型；挖出 38 个节税的点，避开 95 个法律的坑；蚂蚁金服、小米、华谊兄弟等 30 个真实案例
70557	89	一本书看透股权节税	李利威	零基础 50 个案例搞定股权税收
62606	79	财务诡计（原书第 4 版）	（美）施利特 等	畅销 25 年，告诉你如何通过财务报告发现会计造假和欺诈
58202	35	上市公司财务报表解读：从入门到精通（第 3 版）	景小勇	以万科公司财报为例，详细介绍分析财报必须了解的各项基本财务知识
67215	89	财务报表分析与股票估值（第 2 版）	郭永清	源自上海国家会计学院内部讲义，估值方法经过资本市场验证
58302	49	财务报表解读：教你快速学会分析一家公司	续芹	26 家国内外上市公司财报分析案例，17 家相关竞争对手、同行业分析，遍及教育、房地产等 20 个行业；通俗易懂，有趣有用
67559	79	500 强企业财务分析实务（第 2 版）	李燕翔	作者将其在外企工作期间积攒下的财务分析方法倾囊而授，被业界称为最实用的管理会计书
67063	89	财务报表阅读与信贷分析实务（第 2 版）	崔宏	重点介绍商业银行授信风险管理工作中如何使用和分析财务信息
71348	79	财务报表分析：看透财务数字的逻辑与真相	谢士杰	立足报表间的关系和影响，系统描述财务分析思路以及虚假财报识别的技巧
58308	69	一本书看透信贷：信贷业务全流程深度剖析	何华平	作者长期从事信贷管理与风险模型开发，大量一手从业经验，结合法规、理论和实操融会贯通讲解
55845	68	内部审计工作法	谭丽丽 等	8 家知名企业内部审计部长联手分享，从思维到方法，一手经验，全面展现
62193	49	财务分析：挖掘数字背后的商业价值	吴坚	著名外企财务总监的工作日志和思考笔记；财务分析视角侧重于为管理决策提供支持；提供财务管理和分析决策工具
66825	69	利润的 12 个定律	史永翔	15 个行业冠军企业，亲身分享利润创造过程；带你重新理解客户、产品和销售方式
60011	79	一本书看透 IPO	沈春晖	全面解析 A 股上市的操作和流程；大量方法、步骤和案例
65858	79	投行十讲	沈春晖	20 年的投行老兵，带你透彻了解"投行是什么"和"怎么干投行"；权威讲解注册制、新证券法对投行的影响
68421	59	商学院学不到的 66 个财务真相	田茂永	萃取 100 多位财务总监经验
68080	79	中小企业融资：案例与实务指引	吴瑕	畅销 10 年，帮助了众多企业；有效融资的思路、方略和技巧；从实务层面，帮助中小企业解决融资难、融资贵问题
68640	79	规则：用规则的确定性应对结果的不确定性	龙波	华为 21 位前高管一手经验首次集中分享；从文化到组织，从流程到战略；让不确定变得可确定
69051	79	华为财经密码	杨爱国 等	揭示华为财经管理的核心思想和商业逻辑
68916	99	企业内部控制从懂到用	冯萌 等	完备的理论框架及丰富的现实案例，展示企业实操经验教训，提出切实解决方案
70094	129	李若山谈独立董事：对外懂事，对内独立	李若山	作者获评 2010 年度上市公司优秀独立董事；9 个案例深度复盘独董工作要领；既有怎样发挥独董价值的系统思考，还有独董如何自我保护的实践经验
70738	79	财务智慧：如何理解数字的真正含义（原书第 2 版）	（美）伯曼 等	畅销 15 年，经典名著；4 个维度，带你学会用财务术语交流，对财务数据提问，将财务信息用于工作